Todos los libros de Linkgua Ediciones cuentan con modelos de Inteligencia Artificial entrenados por hispanistas. Pregúntale al chat de tu libro lo que desees acerca de la obra o su autor/a.

Para ebooks: Accede a nuestro modelo de IA a través de este enlace.

Para libros impresos: Escanea el código QR de la portada con tu dispositivo móvil.

Obtén análisis detallados de nuestros libros, resúmenes, respuestas a tus preguntas y accede a nuestras ediciones críticas generativas para una experiencia de lectura más enriquecedora.
La transparencia y el respeto hacia la autoría de las fuentes utilizadas son distintivos básicos de nuestro proyecto. Por ello, las respuestas ofrecen, mediante un sistema de citas, las fuentes con las que han sido elaboradas.

Félix María Samaniego

El jardín de Venus

Barcelona 2024
Linkgua-edicion.com

Créditos

Título original: El jardín de Venus.

© 2024, Red ediciones S.L.

e-mail: info@linkgua.com

Diseño de la colección: Michel Mallard.

ISBN rústica ilustrada: 978-84-9953-5920.
ISBN tapa dura: 978-84-1126-448-8.
ISBN ebook: 978-84-9897-074-6.

Cualquier forma de reproducción, distribución, comunicación pública o transformación de esta obra solo puede ser realizada con la autorización de sus titulares, salvo excepción prevista por la ley. Diríjase a CEDRO (Centro Español de Derechos Reprográficos, www.cedro.org) si necesita fotocopiar, escanear o hacer copias digitales de algún fragmento de esta obra.

Sumario

Créditos	4
Brevísima presentación	13
La vida	13
El país de afloja y aprieta	15
Los gozos de los elegidos	21
Las entradas de tortuga	25
El reconocimiento	29
El piñón	33
El conjuro	37
El loro y la cotorra	41
El voto de los benitos	45
El cabo de vela	49
El ciego en el sermón	53
Las lavativas	57
La fuerza del viento	61
La postema (abceso supuroso)	65

La reliquia	69
El ajuste doble	73
La receta	77
La poca religión	81
Al maestro cuchillada	85
El cuervo	91
La sentencia justa	93
El raigón	97
Los relojes del soldado	101
Diógenes en el Averno	105
La medicina de san Agustín	109
Once y trece	113
La oración de san Gregorio	117
Los nudos	121
La limosna	125
A Roma por todo	129

El resfriado	133
El onanismo	135
La paga adelantada	137
Las tijeras del fraile	139
Cualquier cosa	141
El cañamón	145
La linterna mágica	147
El «¿pues y qué?»	151
El modo de hacer pontífices	155
Las gollerías	157
El miedo de las tormentas	161
Diálogo	169
Las penitencias calculadas	171
Las bendiciones en aumento	173
I. La mujer satisfecha	173
II. El caudal del obispo	175
Los calzones de san francisco	179

La peregrinación	183
El panadizo	187
El sueño	191
El matrimonio incauto	195
La pulga	197
Disculpa	199
El dios Scamandro	201
El pastor enamorado	209
La procuradora y el escribiente	213
La vieja y el gato	217
El avaro y su mujer	219
La vergüenza	221
Las hijas del pobre	223
La mercadera y el tuno	225
La confesión	227
El brocal	229

El sombrerero	231
La campanilla	233
La pulga	235
El miedo de las tormentas	237
Las beatas	243
El inquisidor y la supuesta hechicera	245
El abad y el monje	247
La gallega	249
El pastor enamorado	251
El fraile y la monja	255
El cura y el muchacho	257
Antonio y Pepa	259
Soneto de Manuel	261
Soneto a Nice	263
La melindrosa	265
La semana	267

Dora y Dido   269

Coplas del pájaro   271

Quintillas   273

Décimas   277

Libros a la carta   281

Brevísima presentación

La vida
Félix María Samaniego (Laguardia, la Rioja, 1745-1801). España.
Pertenecía a una familia de la nobleza guipuzcoana. Estudió leyes en la Universidad de Valladolid, pero no acabó la carrera. Luego se casó y vivió en Vergara.

El jardín de Venus es una antología de poemas eróticos escritos por Samaniego, quien ordenó quemarlos al final de su vida. No fueron publicados hasta mucho después.

El país de afloja y aprieta

En lo interior del África buscaba
un joven viajero
cierto pueblo en que a todos se hospedaba
sin que diesen dinero:
y con esta noticia que tenía
se dejó atrás un día
su equipaje y criado,
y, yendo apresurado,
sediento y caluroso,
llegó a un bosque frondoso
de palmas, cuyas sendas mal holladas
sus pasos condujeron
al pie de unas murallas elevadas
donde sus ojos con placer leyeron,
en diversos idiomas esculpido,
un rótulo que había este sentido:
Esta es la capital de Siempre-meta,
país de afloja y aprieta,
donde de balde goza y se mantiene
todo el que a sus costumbres se conviene.

—¡He aquí mi tierra! —dijo el viandante
luego que estoy leyó, y en el instante
buscó y halló la puerta
de par en par abierta.

Por ella se coló precipitado
y vióse rodeado,
no de salvajes fieros,

sino de muchos jóvenes en cueros,
con los aquellos tiesos y fornidos,
armados de unos chuzos bien lucidos,
los cuales le agarraron
y a su gobernador le presentaron.

Estaba el tal, con un semblante adusto,
como ellos, en pelota; era robusto
y en la erección continua que mostraba
a todos los demás sobrepujaba.

Luego que en su presencia
estuvo el viajero,
mandó le desnudasen, lo primero,
y que con diligencia
le mirasen las partes genitales,
que hallaron de tamaño garrafales.

La verga estaba tiesa y consistente,
pues como había visto tanta gente
con el vigor que da Naturaleza,
también el pobre enarboló su pieza.

Como el gobernador en tal estado
le halló, díjole: —Joven extranjero,
te encuentro bien armado
y muy en breve espero
que aumentarás la población inquieta
de nuestra capital de Siempre-meta;
mas antes sabe que es el heroísmo
de sus hijos valientes
vivir en un perpetuo priapismo,

gozando mil mujeres diferentes;
y si cumplir no puedes su costumbre,
vete, o te expones a una pesadumbre.

—¡Oh! Yo la dejaré desempeñada
—el joven respondió—, si me permite
que en alguna belleza me ejercite.
Ya veis que está exaltada
mi potencia, y yo quiero
al instante jo... —¡Basta! lo primero
—dijo el gobernador a sus ministros—
se apuntará su nombre en los registros
de nuestra población; después, llevadle
donde se bañe; luego, perfumadle;
después, que cene cuanto se le antoje;
y después enviadle quien le afloje.

Dijo y obedecieron,
y al joven como nuevo le pusieron,
lavado y perfumado, bien bebido y cenado,
de modo que en la cama, al acostarse,
tan solo panza arriba pudo echarse.

Así se hallaba, cuando a darle ayuda
una beldad desnuda
llegó, y subió a su lecho;
la cual, para dejarle satisfecho,
sin que necesitase estimularlo,
con diez desagües consiguió aflojarlo.

Habiendo así cumplido
las órdenes, se fue y dejó dormido

al joven, que a muy poco despertaron
y el almuerzo a la cama le llevaron,
presentándole luego otra hermosura
que le hiciese segunda aflojadura.

Ésta, que halló ya lánguida la parte,
apuró los recursos de su arte
con rápidos meneos
para que contentase sus deseos,
y él, ya de media anqueta, ya debajo,
tres veces aflojó, ¡con qué trabajo!

No hallándole más jugo
ella se fue quejosa,
y otra entró de refresco más hermosa,
que, aunque al joven le plugo
por su perfección rara,
no tuvo nada ya que le aflojara.

Sentida del desaire,
ésta empezó a dar gritos, y no al aire,
porque el gobernador entró al momento
y, al ver del joven el aflojamiento,
dijo en tono furioso:

—¡Hola! Que aprieten a ese perezoso.

Al punto tres negrazos de Guinea
vinieron, de estatura gigantea,
y al joven sujetaron,
y uno en por de otro a fuerza le apretaron
por el ojo fruncido,

cuyo virgo dejaron destruido.

Así pues, desfondado,
creyéndole bastante castigado
de su presunción vana,
en la misma mañana,
sacándole al camino,
le dejaron llorar su desatino,
sin poderse mover. Allí tirado
le encontró su criado,
el cual le preguntó si hallado había
el pueblo en que de balde se comía.

—¡Ah, sí, y hallarlo fue mi desventura!
—el amo respondió. —¿Pues qué aventura
—el mozo replicó—, le ha sucedido,
que está tan afligido?
En esa buena tierra
no puede ser que así le maltrataran.

—Mil deleites —el amo dijo— encierra
y, aunque estoy desplegado, yo lo fundo
en que si como aflojan no apretaran,
mejor país no habría en todo el mundo.

Los gozos de los elegidos

Iba un guardia de corps, lector amado,
a más de media noche, apresurado
a su cuartel y, al revolver la esquina
de la calle vecina,
oyó que de una casa ceceaban
y que, abriendo la puerta, le llamaban.

Determinó acercarse
porque era voz de femenil persona
la que el lance ocasiona,
y sin dudar, a tiento,
de uno en otro aposento,
callado y sin candil, dejó guiarse
hasta que, al parecer, llegó la dama
donde estaba la cama
y le dijo: —Desnúdate, bien mío,
y acostémonos pronto, que hace frío.

El guardia la obedece
metiéndose en el lecho que le ofrece,
cuyo calor benéfico al momento
le templa el instrumento,
y mucho más sintiendo los abrazos
con que en amantes lazos
la dama que le entona
expresiva y traviesa le aprisiona.

Entonces, atrevido,
intentó la camisa remangarla

y rijoso montarla;
más quedó sorprendido
al ver que ella obstinada resistía
la amorosa porfía,
y que, si la dejaba,
también de su abandono se quejaba,
hasta que al fin salió de confusiones
oyendo de la dama estas razones:

—¿Cómo te has olvidado
de modo con que habemos disfrutado
siempre de los placeres celestiales?
¿Los deleites carnales
pudiera yo gustar inicuamente
cuando mi confesor honestamente
sabes que me ha instruido
de cómo gozar debe el elegido
sin que sea pecado?
¡Pues bien que te has holgado
conmigo en ocasiones
sin faltar a tan puras instrucciones!

El guardia, deseando le instruyera
en lo que eran caricias celestiales,
dejó que dispusiera
la dama de sus partes naturales;
y halló que su pureza consistía
en que el varonil miembro introducía
dentro de su natura
por cierta industriosísima abertura
que, sin que la camisa se levante,
daba paso bastante,

—como agujero para frailes hecho—
a cualquier recio miembro de provecho.

Con tal púdico modo
logró meter el guardia el suyo todo,
gozando a la mujer más cosquillosa
y a la más santamente lujuriosa.

Mientras los empujones,
ella usaba de raras expresiones,
diciendo: —¡Ay, gloria pura!
¡Oh celestial ventura!
¡Deleites de mi amor apetecidos!
¡Ay, goces de los fieles elegidos!

El guardia, que la oía
y a su pesar la risa contenía,
dijo: —Por fin, señora,
no he malgastado el tiempo, pues ahora
me son ya conocidos
los goces de los fieles elegidos.

Al escuchar la dama estas razones,
desconoció la voz que las decía;
mas, como en los postreros apretones
entorpecer la acción no convenía,
exclamó: —¡Ay, qué vergüenza! ¡Un hombre
            extraño....!
¡No te pares...! ¿Se ha visto tal engaño...?
¡Angel del paraíso....! ¡Qué placeres....!
¡Ay, métemelo bien, seas quien fueres!

Las entradas de tortuga

Estaba una señora desahuciada
de esa fiebre malvada
que, sin ser, según dicen, pestilente,
se lleva al otro lado a mucha gente.

Sus criados y amigos la asistían
con celo cuidadoso,
pues por tonto tenían
de la dama al esposo
y, así, de su dolencia
nunca le confiaron la asistencia.

Llególe, al parecer, la última hora
a la pobre señora;
trajéronla, muy listos,
agonizantes cristos,
y de la sepultura
la eterna llave con la Sacra Untura.

Después que bien la untaron
y a su placer los frailes le gritaron,
a media noche túvola por muerta
él médico, y dispuso
dejar del todo abierta
la alcoba de la enferma, según uso,
y que, ya sin cuidados,
se acostaran amigos y criados.

Fuéronse todos a dormir bien pronto;

y luego que esto vio el marido tonto,
quedito entro en el cuarto de su esposa,
que nunca más hermosa
le pareció que entonces, porque hacía
un mes que por su mal no la veía.

Mirándola los pechos,
que a torno parecían estar hechos,
y el ojal del encanto,
en que pecara un santo,
dijo: —¿Se ha de comer esto la tierra
sin más ni más? ¡Ah calentura perra!
Llévese entre responsos y rosarios
toda la retención de mis monarios.

Dicho y hecho: de un brinco
montó, enristró, y al golpe, con ahínco
quedó, sin que más quepa,
clavada en su terreno aquella cepa.

¡Vive Dios que producen maravillas
del masculino impulso las cosquillas,
según se prueba en el siguiente caso!,
porque, lector, al paso
que el marido empujaba,
su mujer se animaba,
y, cuando sintió el fuego
del prolífico riego,
abrió los ojos, medio suspirando
y abrazó a quien la estaba culeando.

Entonces las culadas prosiguieron

hasta el día; y los dos las suspendieron
porque entraron las gentes
de la enferma asistentes
en el cuarto, y, hallándola sentada,
en brazos de su esposo reclinada,
se admiran y, —¡Milagro! —repitiendo,
van a llamar al médico corriendo.

Éste, luego que vino,
la tomó el pulso y dijo: —Yo no atino
qué es lo que la habrán dado,
que así se ha mejorado.

Y el marido, que en tanto se reía,
dijo: —Señor doctor, será obra mía,
porque, así que dejaron a mi esposa
los presentes, entre yo con mi cosa
tiesa, como la tiene el que madruga,
y le di cinco entradas de tortuga.

—¡Bravo! —el médico exclama—;
ya comprendo la cura. ¿Y... por qué llama
con tan extraño nombre
la genital operación del hombre?

—¡Toma! —el tonto replica—;
es un modo de hablar que significa...
¡zas!... soplarlo de golpe hasta lo hondo,
cual las tortugas... ¡zas!... se van al fondo.
Pero, si está mal hecho...

—No —el médico le dice—; has acertado,

pues tus entradas son de tal provecho
que a tu pobre mujer vida le han dado.

Así que esto oyó el tonto,
echó a llorar de pronto,
y el doctor, que el motivo no alcanzaba,
le preguntó qué pena le apuraba.

—¡Ay! —respondió afligido—,
que el dolor me lo arruga.
¡Si yo hubiera sabido
que las tales entradas de tortuga
daban vida de cierto,
nunca mis padres se me hubieran muerto!

El reconocimiento

Una abadesa, en Córdoba, ignoraba
que en su convento introducido estaba
bajo el velo sagrado
un mancebo, de monja disfrazado;
que el tunante, dormía,
para estar más caliente,
cada noche con monja diferente,
y que ellas lo callaban
porque a todas sus fiestas agradaban,
de modo que era el gallo
de aquel santo y purísimo serrallo.

Las cosas más ocultas
mil veces las descubren las resultas
y esto acaeció con las cuitadas monjas,
porque, perdiendo el uso sus esponjas,
se fueron opilando
y de humor masculino el vientre hinchando.

Hizo reparo en ello por delante
su confesor, gilito penetrante,
por su grande experiencia en el asunto,
y, conociendo al punto
que estaban fecundadas
las esposas a Cristo consagradas,
mandó que a toda prisa
bajase al locutorio la abadesa.

Ésta acudió al mandato

por otra vieja monja conducida,
pues la vista perdida
tenía ya del flato,
y al verla, el reverendo,
con un tono tremendo,
la dijo: —¿Cómo así tan descuidada,
sor Telesfora, tiene abandonada
su tropa virginal?; pero mal dije,
pues ya ninguna tiene intacto el dije.
¿No sabe que, en su daño,
hay obra de varón en su rebaño?
Las novicias, las monjas, las criadas....
¿lo diré?, sí: todas están preñadas.

—¡Miserere mei, Domine! —responde
sor Telesfora—. ¿En dónde
estar podemos de parir seguras,
si no bastan clausuras?
Váyase, padre, luego,
que yo hallaré al autor de tan vil juego
entre las monjas. Voy a convocarlas
y con mi propio dedo a registrarlas.

El confesor marchóse:
subió sor Telesfora, y publicóse
al punto en el convento
de las monjas el reconocimiento.

Ellas, en tanto, buscan presurosas
al joven, y llorosas
el secreto le cuentan
y el temor que por él experimentan.

—¡Vaya! No hay que encogerse,
—él dice—. Todo puede componerse,
porque todas estáis de poco tiempo.
Yo me ataré un cordel en la pelleja
que cubre mi caudal cuando está flojo;
veréis que me la cojo
detrás; junto las piernas, y la vieja
cegata, estando atado a la cintura,
no puede tropezar con mi armadura.

Se adoptó el expediente,
se practicó, y las monjas le llevaron
al coro, donde hallaron
la abadesa impaciente
culpando la tardanza.

En fin, para esta danza
en dos filas las puso;
las gafas pone en uso
y, una vela tomando
encendida, las iba remangando.

Una por una, el dedo les metía
y después —No hay engendro —repetía—.

El mancebo miraba
lo que sor Telesfora destapaba,
y se le iba estirando
el bulto, y el torzal casi estallando;
de modo que tocándole la suerte
de ser reconocido,

dio un estirón tan fuerte
que el torzal consabido
se rompió y soltó al preso
al tiempo que lo espeso
del bosque la abadesa lo alumbraba;
y así, cuando para esto se bajaba,
en la nariz llevó tal latigazo
que al terrible porrazo
la vela, la abadesa y los anteojos
en el suelo quedaron por despojos.

—¡San Abundio me valga!,
—ella exclamó—. ¡Ninguna de aquí salga,
pues ya, bien a mi costa,
reconozco que hay moros en la costa!

Mientras la levantaron
al mancebo ocultaron
y en su lugar pusieron
otra monja, la falda remangada,
que, siendo preguntada
de con qué a la abadesa el golpe dieron,
le respondió: —Habrá sido
con mi abanico, que se me ha caído.

A que la vieja replicó furiosa:

—¡Mentira! ¡En otra cosa
podrán papilla darme,
pero no en el olfato han de engañarme,
que yo le olí muy bien cuando hizo el daño,
y era un dánosle hoy de buen tamaño!

El piñón

Compró un turco robusto
dos jóvenes esclavos, que un adusto
argelino vendía.

Los llevó a la mazmorra en que tenía
otros muchos cautivos,
y, cerrando la puerta,
detrás de ella a escuchar se quedó alerta
los modos expresivos
con que los más antiguos consolaban
a los recién venidos que allí entraban.

Eran un andaluz y un castellano,
y el que hablaba con ellos italiano,
que dijo en voz de tiple, muy doliente,
a los nuevos llegados lo siguiente:

—Compagni sventurati al par che cari,
i vostri affani amari
io voglio consolar: nostro padrone
e un turco di bonissima intenzione,
pietoso cogli schiavi che la guerra
riduce al suo servizio;
solmente lidesina per l'uoffizio
che si costum là, nella mia terra,
strapazzandi l'occhio del riposo
col suo membro, che è troppo lungo e grosso.

—Compaire —el andaluz dijo temblando—,

¿qué me eztá uzté jablando?
¿Con que ha dado eze perro en eza maña
que en Italia ze eztila? ¡Ay, pobrecito
de mí, dezfondacao en tierra extraña!
¡Yo, que tengo un ojito
lo mezmo que un piñón! ¿Zerá baztante
pa rezguardarle ezte calzón de ante?

Iba a darle respuesta el italiano,
pero el turco inhumano
gritó entonces: —¡No haber ante que valga!
¡El ojo del piñón al aire salga!

Al punto, cuatro moros,
sin atender las quejas ni los lloros,
afuera le sacaron
y a su señor por fuerza le llevaron.

En tanto que él la operación sufría,
el italiano al otro le decía:

—Giovinetto garbato,
anche tu sia al momento preparato
a soffrir del padron membruto e fiero
il colpo assalitor dell'occhio nero,
perchè di bianca faccia o color bruno
il turco buzzarron non lascia alcuno.

El fuerte castellano con arrojo
la argolla de un cerrojo
arrancó de una puerta al oír esto,
y, habiéndosela puesto

de su gran nalgatorio en la angostura,
pudo con tal diablura
guardar el centro y pliegues del contorno,
y el ataque esperó con este adorno.

Pasada media hora, allí trajeron
al andaluz lloroso y derrengado,
y al castellano hicieron
ir a dar gusto al turco bien armado.

Éste al momento en cuatro pies le pone,
los calzones le baja y se dispone
a profanarle; le unta con aceite,
para obviar el camino del deleite,
aquel globo cerdoso,
fondo en color de cardenillo oscuro,
y, potente y rijoso,
no quiere dilatar el choque impuro.

Considere el lector, aunque yo callo,
qué magnitud tendría
lo que sacó, criado en un serrallo
sin sujeción de bragas ni alcancía,
y después se figure allá en su mente
que esta mole indecente,
enfilando la argolla en la trasera,
quedó como ratón en ratonera.

Por sacarlo se agita,
empuja, hace desguinces, y al fin grita
para que en su trabajo
no le guillotinasen por abajo.

El castellano, astuto, se endereza,
tirando de la argolla con presteza
porque no se la viesen
los que en favor del turco allí viniesen;
pero esto fue de un modo tan violento
que le quitó el turbante al instrumento.

Quedó por el dolor amortecido
el turco en la estacada,
y el castellano, habiendo conseguido
ver la Naturaleza así vengada,
mientras al desgorrado socorrían
los moros que acudían
a la prisión volvióse,
en donde a poco tiempo divulgóse
su valerosa hazaña.

Y el italiano preguntóle ansioso:

—Ma dica; ¿che cucagna
l'a salvato del caso periglioso?
Y el andaluz decía:

—¡Qué piñón tendrá uzté tan duro, hermano,
cuando pudo jazer tal jechuría!

A lo que respondióle el castellano:

—Tengo para ese perro,
no un piñón natural, sino de hierro.

El conjuro

De un tremebundo lego acompañado,
fue a exorcizar un padre jubilado
a una joven hermosa y desgraciada
que del maligno estaba atormentada.

Empezó su conjuro
y el Espíritu impuro,
haciendo resistencia,
agitaba a la joven con violencia
obligándola a tales contorsiones,
que la infeliz mostraba en ocasiones
las partes de su cuerpo más secretas:
ya descubría las redondas tetas
de brillante blancura,
ya, alzando la delgada vestidura,
manifestaba un bosque bien poblado
de crespo vello en hebras mil rizado,
a cuyo centro daba colorido
un breve ojal, de rosas guarnecido.

El lego, que miraba tal belleza,
sentía novedad grande en su pieza,
y el fraile, que lo mismo recelaba,
con los ojos cerrados conjuraba
hasta que al fin, cansado
de haber a la doncella exorcizado
dos horas vanamente,
para que sosegase la paciente
y él volviese con fuerzas a su empleo,

al campo salió un rato de paseo,
diciendo al lego hiciera compañía
a la doncella en tanto que él volvía.

Fuese, pues, y el donado,
de lujuria inflamado,
apenas quedó solo con la hermosa
cuando, esgrimiendo su terrible cosa,
sin temor de que estaba
el Diablo en aquel cuerpo que atacaba,
la tendió y por tres veces la introdujo
de sus riñones el ardiente flujo.

Mientras que así se holgaba el lego diestro,
a la casa volviendo su maestro,
vio que en la barandilla
de la escalera, puesto en la perilla,
estaba encaramado
el Diablo, confundido y asustado,
y díjole riendo:

—¡Hola, parece que saliste huyendo
del cuerpo en que te hallabas mal seguro,
por no sufrir dos veces mi conjuro!
Yo me alegro infinito;
mas, ¿qué esperas aquí? ¡Dilo, maldito!

—Espero —dijo el diablo sofocado—,
que sepas que tú no me has lanzado
de esa infeliz mujer por conjurarme,
sino tu lego que intentó amolarme
con su tercia de dura culebrina,

buscándome el ojete en su vagina,
y pensé: ¡Guarda, Pablo!
Propio es de lego motilón ladino
que no respete virgo femenino.
¡Pero que deje con el suyo al Diablo!

El loro y la cotorra

Tenía una doncella muy bonita,
llamada Mariquita, un viejo consejero
que en ella por entero,
cuando se alborotaba
su cansada persona, desaguaba
con tal circunspección y tal paciencia
como si a un pleito diese la sentencia.

Era de este señor el escribiente
un mozuelo entre frailes educado,
como ellos suelen ser, rabicaliente,
rollizo y bien armado,
que, cuando el consejero fuera estaba,
a doña Mariquita consolaba.

Sucedió pues, que un día
la consoló en su cuarto, donde había
en jaulas diferentes
un loro camastrón, cuyo despejo
todo lo comprendía por ser viejo,
y una joven cotorra muy parlera,
que la conversación de los sirvientes
oyeron, la cual fue de esta manera:

—¿Te gusta, Mariquita?

—Sí, mucho... mucho; estoy muy contentita.

—¿Entra bien de este modo?

—Sí, mi escribiente... ¡Métemelo todo!

—Pues menéate más..., que estoy perdido.

—Y yo... Que viene... ¡Ay, Dios...! ¡Que ya ha venido!

Con efecto, llegaba el consejero
en aquel mismo instante,
y apenas su escribiente marrullero
dejó regado el campo de su amante,
cuando, con la ganilla que traía,
al mismo cuarto entró su señoría.

Quitose en él la toga,
dióse en la parte floja un manoteo,
y a la que su materia desahoga
manifestó su lánguido deseo.

Ella, puesta debajo
de un modo conveniente,
se acordó en su trabajo
del natural vigor del escribiente,
y empezó a respingar con tal salero
que por poco desmonta al consejero.

Este, viendo el peligro que corría,
dijo: —Basta.... ¿Qué hacéis, doña María?
¡Guarde más ceremonia con mi taco,
o por vida del rey que se lo saco!

—De veros, el contento
—replicó la taimada—
me hace tener tan fuerte movimiento.
¡Perdón! —Sí —dijo el viejo—; perdonada
estás, si es que te alegra mi llegada.

La cotorra, que aquello estaba oyendo,
dijo entonces, sus alas sacudiendo:

—Lorito, contentita
está la Mariquita.

A que respondió el loro prontamente:

—¡Sí, se lo metió todo el escribiente!

El voto de los benitos

Un convento ejemplar benedictino
a grave aflicción vino
porque en él se soltó con ciega furia
el demonio tenaz de la lujuria,
de modo que en tres pies continuamente
estaba aquel rebaño penitente.

Al principio, callando con prudencia,
hacía cada monje la experiencia
de sujetar con mortificaciones
las fuertes tentaciones.

No se omitió cilicio,
ayuno, penitencia ni ejercicio,
más fueron vanas medicinas tales;
que, irritadas las partes genitales,
el demonio carnal más las apura,
dando a más penitencia más tiesura.

Supo el caso el abad, quien, aturdido
del feroz priapismo referido,
a capítulo un día
llamó a la bien armada frailería
y, después de entonado
el himno acostumbrado,
a cada cual, con humildad profunda,
pidió su parecer, porque se hallase
en la comunidad tal barahúnda.

Los monjes del convento
poltronamente estaban en su asiento
discutiendo los modos diferentes
de alejar con remedios convenientes
el bullidor tumulto
que a cada fraile le abultaba el bulto.

Viéndolo ejecutado vanamente
hasta el caso presente,
los sapientes y místicos varones
con santidad y ciencia propusieron
diversas opiniones,
pero en ninguna dieron
que a propósito fuese
para que luego la erección cediese.

En esta confusión, con reverencia,
pidió el portero para hablar licencia.

El portero —no importa aquí su nombre—,
era un legazo de tan gran renombre
que, después de rascarse aquello a solas
hubo vez de jugar diez carambolas.

—Hable —clamó el abad— Y él, humillado,
dijo. —Dios sea loado,
que a mí, vil gusanillo, ha concedido
lo que a Sus Reverencias no ha querido.
Yo un tiempo tentaciones padecía,
más, por fortuna mía,
hallé un remedio fácil y gustoso
con que al cuerpo y al alma doy reposo.

—¿Y cuál es? —preguntaron, admirados
a una voz los benitos congregados.

—Padres —dijo el portero—,
tengo una lavandera, cuyo esmero,
cuando a traerme viene
ropa conque me mude,
tanto cuidado tiene
de limpiarme de manchas exteriores
como de la materias interiores,
de a este fin de tal modo me sacude
que en toda la semana
no se alborota más mi tramontana.

Luego que oyó el abad y el consistorio
el medio tan sencillo y tan notorio
de obviar las tentaciones,
decretaron los ínclitos varones
que un voto, de común consentimiento,
se añadiese en las reglas del convento,
por el cual no pudiera fraile alguno
vivir sin lavandera.

El abad, con presteza,
dejó al punto aquel voto establecido
y a los monjes, alzando la cabeza,
dijo: —El Señor, hermanos, nos ha oído,
cuando remedia así nuestras desgracias.
Cantemos, pues: Agimus tibi gratias.

El cabo de vela

Salió muy de mañana
a oír misa en la iglesia más cercana
una vieja ochentona
de vista intercadente y voz temblona.

A la del Hospital se dirigía
porque junto vivía,
llevando, por no haber amanecido,
de una vela encendido
el cabo en su linterna,
cosa bien útil, aunque no moderna.

Dejémosla que siga su camino
y vamos a contar lo que el destino
le tenía guardado. El día antes
los mozos practicantes
del Hospital, cortaron con destreza,
en la disecación, la enorme pieza
de un soldado difunto
y para mantenerla en todo el punto
de su hermoso tamaño,
con un cañón de estaño
la llenaron de viento;
Enseguida el pellejo al instrumento
con un torzal ataron
al corte, y como nuevo le dejaron.

Jugaron luego al mingo
con él, y cada cual daba un respingo

cuando se lo tiraban
los unos a los otros que allí estaban,
siendo de tal diablura
objeto su grandísima tiesura.

Después que se cansaron,
a la calle arrojaron
de su fiesta el prolífico instrumento;
y aquí vuelve mi cuento
a buscar a la vieja, que con prisa
por la calle pasó para ir a misa.

No precisa el autor de aquesta historia
si tropezó en la tiesa caniloria
o en otra cosa; pero sí nos dice
que la vieja infelice,
por ir apresurada,
dio en la calle tan fuerte costalada
que se desolló el cutis de una pierna,
y, por el golpe rota la linterna,
perdió el cabo de vela y se vio a oscuras;
¡causa un porrazo muchas desventuras!

La pobre, al fin, se levantó diciendo:

—¡Ah, Satanás maldito, ya te entiendo;
mas no te bastarán tus tentaciones
para que pierda yo mis devociones!

Entre tanto, tentaba
el empedrado, por si el cabo hallaba,
y tal fortuna tuvo

que, al poco tiempo que buscando anduvo,
dio con la erguida pieza del soldado,
y al cogerla exclamó: —¡Dios sea loado!

Como no había allí dónde encenderla,
tuvo en la faltriquera que meterla
y, a la iglesia sus pasos dirigiendo,
llegó cuando la puerta iban abriendo.

Oyó misa, y entró en la sacristía
para encender su cabo;
acercóle una luz que en ella ardía,
pero el maldito nabo
dio con la llama tal chisporroteo
que apagó aquella vela.

La vieja, al ver frustrado su deseo,
al sacristán apela
para que le encendiese;
él le tomó, ignorando lo que fuese
y le arrimó a la luz de otra bujía;
mas, como chispeaba y nunca ardía,
de la vela a la llama
le examina y exclama:

—¡Cuerpo de Cristo! ¡Qué feroz pepino!
Tómelo, hermana, usté, que tendrá tino
para saber lo que con él se hace,
que yo no enciendo velas de esta clase.

Atónita la vieja, entonces mira
con atención al cabo, y más se admira

que el sacristán, diciendo:

—En cincuenta y tres años que siguiendo
estuve la carrera
de moza de portal y de tercera,
no vi un cirio tan tieso y tan soplado.
¡Quién en sus tiempos se lo hubiera hallado!

El ciego en el sermón

Predicaba un gilito en su convento
y, para comenzar, buscó al intento,
de la Escritura Santa en los lugares,
el texto que aquí va de los Cantares
en latín anotado,
y repitió en romance, acalorado:

—¡Qué hermosas son tus tetas, oh mi hermana,
oh mi esposa! ¡Mejor hueles que el vino!
Así hablaba a su amante soberana
Salomón, lleno del amor divino.

Luego que expuso el amoroso texto,
escondió bajo el hábito las manos
y siguió su sermón diciendo: —Hermanos,
¿hasta qué extremo habrá de llegar esto?

Un lego que, calada la capilla,
del púlpito en la angosta escalerilla
sentado, al reverendo acompañaba
y el sermón escuchaba,
díjole en tono bajo:

—No se tenga las manos ahí debajo,
padre, sáquelas fuera prontamente,
porque quizás sospechara la gente
al ver su acción y oyendo cómo empieza,
hasta qué extremo ha de llegar la pieza.

Oyólo el fraile y luego
las manos saca y sigue predicando;
pero, entre tanto, el lego
—o porque, el verde texto recordando,
sintió el vicio en sus partes exaltarse,
o porque no quería ocioso estarse
mientras se predicaba—
pensó lo mismo hacer que sospechaba
al principio del fraile reverendo,
con su negocio el tiempo entreteniendo.

A este fin, colocado en la escalera,
puso el hábito en hueco bien afuera,
las manos ocultando;
y, cumplido miembro enarbolando;
empezó su recreo;
mas, porque no pudiese algún meneo,
de un modo involuntario,
su fuego descubrir extraordinario,
siempre que se encogía o empujaba
o algún suspiro el gusto le arrancaba,
ponía su semblante compungido
diciendo: —¡Ay, Dios, y cómo te he ofendido!

Al tiempo que la empresa concluía,
el glutinoso humor que despedía,
ardiente como el fuego,
en los ojos cayó de un pobre ciego
que escuchaba el sermón allí debajo
y exclamó: —¡Jesucristo, y qué gargajo
me has echado, que pega cual jalea!
¿No ven que estoy aquí? ¡Maldito sea

y ciego como yo quede del todo
quien sin mirar escupe de ese modo!

Las lavativas

Cierta joven soltera
de quien un oficial era el amante,
pensaba a cada instante
cómo con su galán dormir pudiera,
porque una vieja tía
gozar de sus amores la impedía.

Discurrió al fin meter al penitente
en su casa, y, fingiendo que le daba
un cólico bilioso de repente,
hizo a la vieja, que cegata estaba,
que un colchón le preparase
y en diferente cama se acostase.

Ella en la suya, en tanto,
tuvo con su oficial lindo recreo,
dándole al dengue tanto
que a media voz, en dulce regodeo,
suspiraba y decía:

—¡Ay...! ¡Ay...! ¡Cuánto me aprieta esta agonía!

La vieja cuidadosa,
que no estaba durmiendo,
los suspiros oyendo,
a su sobrina dijo cariñosa:

—Si tienes convulsiones aflictivas,
niña, yo te echaré unas lavativas.

—No, tía —ella responde—, que me asustan.

—Pues si son un remedio soberano.

—¿Y qué, si no me gustan?

—Con todo, te he de echar dos por mi mano.

Dijo, y en un momento levantada
fue a cargar y a traer la arma vedada.

La mozuela, que estaba embebecida
cuando llegó este apuro,
gozando una fortísima embestida,
pensó un medio seguro
para que la función no se dejase
ni a su galán la tía allí encontrase;
montó en él ensartada,
tapándole su cuerpo y puesta en popa,
mientras la tía, de jeringa armada,
llegó a la cama, levantó la ropa
por un ladito y, como mejor pudo,
enfiló el ojo del rollizo escudo.

En tanto que empujaba
el caldo con cuidado,
la sobrina gozosa respingaba
sobre el cañón de su galán armado,
y la vieja, notando el movimiento,
le dijo: —¿Ves cómo te dan contento
las lavativas, y que no te asustan?

¡Apuesto a que te gustan!

A lo cual la sobrina respondió:

—¡Ay!, por un lado sí, por otro no.

La fuerza del viento

En una humilde aldea el Jueves Santo
la pasión predicaban y, entre tanto,
los payos del lugar que la escuchaban
a lo vivo la acción representaban,
imitando los varios personajes
en la figura, el gesto y los ropajes.

Para el papel sagrado
de nuestro Redentor crucificado
eligieron un mozo bien fornido
que, en la cruz extendido
con una tuniquita en la cintura
mostraba en lo restante su figura,
a los tiernos oyentes, en pelota,
para excitar su compasión devota.

La parte de María Magdalena
se le encargó a una moza ojimorena,
de cumplida estatura
y rolliza blancura,
a quien naturaleza en la pechera
puso una bien provista cartuchera.

Llegó el predicador a los momentos
en que hacía mención de los tormentos
que Cristo padeció cuando expiraba
y su muerte los orbes trastornaba.

Refirió, entusiasmado,

que con morir aniquiló el pecado
original, haciendo a la serpiente
tragarse, a su despecho, aunque reviente,
la maldita manzana
que hizo a todos purgar sin tener gana.

Esto dijo de aquello que se cuenta,
y después su fervor aún más aumenta
contando los dolores
de la Madre feliz de pecadores,
del Discípulo amado,
y, en fin, del sentimiento desgarrado
de la fiel Magdalena,
la que, entre tanto, por la iglesia, llena
de inmenso pueblo, con mortal congoja
los brazos tiende y a la cruz se arroja.

Allí empezó sus galas a quitarse
y en cogollo no más vino a quedarse,
con túnica morada
por el pecho escotada
tanto, que claramente descubría
la preciosa y nevada tetería.

Mientras esto pasaba,
el buen predicador siempre miraba
al Cristo, y observó que por delante
se le iba levantando a cada instante
la tuniquilla en pabellón viviente,
haciendo un borujón muy indecente.

Queriendo remediarlo

por si el pueblo llegaba a repararlo,
alzó la voz con brío
y dijo: —Hermanos, el vigor impío
de los fieros hebreos se aumentaba
al paso que la tierra vacilaba
haciendo sentimiento,
y la fuerza del viento
era tal, que al Señor descomponía
lo que sus partes púdicas cubría.

Apenas oyó Cristo este expediente
cuando, resucitando de repente,
dijo al predicador muy enfadado:

—Padre, el juicio sin duda la ha faltado.
¿Qué viento corre aquí? ¡Qué berenjena!
¿Las tetas no está viendo a Magdalena?
Hágala que se tape,
si no quiere que el Cristo se destape
y eche al aire el gobierno
con que le enriqueció su Padre Eterno.

La postema (abceso supuroso)

Érase en una aldea
un médico ramplón, y a más casado
con una mujer joven y no fea,
la que había estudiado
entre los aforismos de su esposo
uno u otro remedio prodigioso
que, si él ausente estaba,
a los enfermos pobres recetaba.

Su caridad ejercitando un día
la señora Quiteria —este es su nombre—,
vio que a su puerta había
un zagalón, ya hombre,
que a su esposo buscaba
porque alguna dolencia le aquejaba.

Parecía pastor en el vestido,
y a Febo en la belleza y la blancura,
mostrando en su estatura
la proporción de un Hércules fornido,
tanto, que la esculapia, alborotada,
cayó en la tentación. ¡No somos nada!

Hizo entrar al pobrete,
y con mal pensamiento, en su retrete
en donde le rogó que la explicase
la grave enfermedad que padecía,
porque sin su marido ella podía
un remedio aplicar que le curase.

—¡Ay, señora Quiteria! —el zagal dijo—,
Yo por lo que me aflijo es por no hallar medio
　　suficiente
para el mal que padezco impertinente.
Sepa usté, pues, que así que me empezaron
las barbas a salir y me afeitaron,
también me salió vello
alrededor de aquello,
y cátate que, a poco, tan hinchado
se me puso que... ¡vaya!
no podía jamás tenerlo a raya.
Yo, hallándome apurado
y de ver su tiesura temeroso
pensé y vine a enseñárselo a su esposo,
el cual me lo bañó con agua fría,
con lo que se me aflojó por aquel día;
pero después a cada instante ha vuelto
el humor a estar suelto
y es la hinchazón tremenda.

Dijo, y sacó un... ¡San Cosme nos defienda!,
tan feroz, que la médica al mirarlo
tuvo su cierto miedo de aflojarlo;
pero venció el deseo
de gozar el rarísimo recreo
que un virgo masculino la promete
cuando la primera empuja y mete.

A este fin, cariñosa,
dijo al simple zagal: —¡Ay, pobrecito,
una postema tienes! Ven, hijito,

ven conmigo a la cama; haré una cosa
con que, a fe de Quiteria,
se te reviente y salga la materia.

El pastor inocente
a la cura de apresta
y ella, regocijada de la fiesta,
le dio un baño caliente,
metiendo aquello hinchado
en el..., ya usted me entiende, acostumbrado,
con una habilidad tan extrema
y tales contorsiones,
que dejó la postema reventada
con dos o tres o más supuraciones.

Fuese el zagal, y, a poco, volvió un día
a la casa del médico, que estaba
sentado en su portal cuando llegaba;
y, viéndole venir, con ironía
díjole: —¡Hola! Parece, por tu gesto,
que se te ha vuelto a hinchar... Pues entra presto,
te daré el baño de aguas minerales
que suaviza las partes naturales.

A que el pastor responde: —¡Guarda, Pablo!
Para postemas, que reciba el diablo
ese baño que aplasta y que no estruja.
¡Toma! Cuando arrempuja
la señora Quiteria
me la reviente y saca la materia.

La reliquia

Un confesor gilito
En opinión de santidad estaba,
Por lo que despachaba
De penitentes número infinito.

Además, este padre reverendo
Llevaba en un remiendo
De su negra pretina
Cosida una reliquia peregrina
Con muchas indulgencias
Que evitaban penosas penitencias
Siempre que con dos dedos la tocaba
Al tiempo de absolver al confesado,
Y así todo pecado
Con esta ceremonia perdonaba.

De clases diferentes
El número creció de penitentes
Sabiendo la excelencia
de la nueva indulgencia
Que este varón profundo
Igualmente aplicaba a todo el mundo.

Una moza morena
Llegó a sus plantas, de pecados llena,
Con ojos tentadores, talle listo,
Y unas tetas que hicieran caer a Cristo,
Pues, conforme a la moda,
Ya en taparlas ninguna se incomoda.

Empezó a confesarse
Y, así que llegó al sexto mandamiento,
De torpes poluciones a acusarse
Con tanta contrición, que el movimiento
De su blanca pechera
Simpatizó el fraile el instrumento,
Como era natural, de tal manera
Que le causó cuidado
Sentírselo de pronto tan hinchado.

La iglesia estaba oscura,
La gente no era mucha y, temeroso
De más descompostura,
El bendito varón acudió ansioso
Al corriente remedio
De empuñar con recato por en medio
El miembro rebelado;
Y esto fue tan a tiempo ejecutado,
Que hizo un memento homo
Pasándole la mano por el lomo.

La moza acabó en tanto
Su confesión, y dijo al varón santo:

—Écheme, padre mío,
la sacra absolución en que confío,
y aplíqueme, le ruego, la indulgencia
que su reliquia tiene,
pues la virtud que en ella se contiene
puede excusar más grave penitencia.

Oyendo estas razones,
De su meditación medio aturdido,
El fraile volvió en sí dando un ronquido;
Sacó de sus calzones,
Para absolver, la mano humedecida;
Tocóla en la reliquia consabida
Y, en vez de bendición, echó rijoso
A la moza un asperges muy copioso.

—¡Jesús! —ella exclamó—. ¿Para qué es esto
que me ha echado en la cara?
Sintiera que pegado se quedara,
Pues parece de gomas un compuesto.

A que respondió el fraile: —Eso, sin duda,
Es, ¡ay!, que ha cometido un gran pecado,
Hermana, y perdonárselo ha costado
Tanto, que a mares la reliquia suda.

El ajuste doble

A casa de una moza un estudiante
llegó, pobre y tunante,
y por poco dinero
le pidió algún carnal desaguadero.

—No puedo socorrerle en ese apuro
—ella le dijo—, sin que pague un duro;
no lo hago más barato
porque anda malo el tiempo y malo el trato.

Llevaba el estudiante únicamente
el duro que la moza le pedía,
mas no le convenía
gastarle en un desagüe solamente,
y así la respondió: —Por el dinero
no habrá dificultad; pero primero
haga la diligencia
menor en su orinal a mi presencia;
que yo, viendo su líquida corriente,
conozco si el rincón está doliente.

—En eso no hay reparo
—la moza replicó: luego, la hizo,
y el estudiante avaro
con esto su deseo satisfizo,
porque, una tercia y algo más sacando
y el orinal alzando,
empuñó la cualquiera,
diciendo en su función pasamanera:

—Con caldo se contentan mis culadas,
porque valen muy caro las tajadas.

La moza, de la treta arrepentida,
le dijo: —No prosiga, por su vida,
que yo no tengo el corazón tan duro
y se lo empuñaré por medio duro.

Al punto el estudiante, alborozado,
el partido aceptó, y en el estrado
junto a ella se coloca,
a su arbitrio dejando la bicoca.

La moza, con despejo,
ya le afloja o aprieta,
ya le pliega el pellejo,
y en sus pasavolantes
también dio en trastear con los colgantes.

En tanto que él se holgaba,
ella atenta observaba
el crítico momento
de la expulsión; y a cierto movimiento
que hizo el pobre estudiante indicativo,
tapando el agujero expeditivo
le dijo: —Señor guapo,
si no me dais un duro, no destapo.

Él, viéndose burlado en tal aprieto,
la dijo: —Te lo doy si te lo meto,
pues el ajuste doble que propones

no es justo si debajo no te pones.

La moza, que lo mismo deseaba
para probar la pieza que empuñaba,
se convino al instante
a la proposición del estudiante,
y quitóse la ropa
en una santiguada,
y, cogiendo la paga deseada,
tendióse y la metió bajo su popa,
y se prestó después al regodeo
de su carnal deseo;
y en tanto que retoza
y en ondulantes giros se alboroza,
el estudiante, que acabó primero,
cogió con disimulo su dinero;
mas, cuando iba a marcharse,
le echó menos la moza al levantarse
y le dijo: —Detente,
porque se me ha perdido
el duro que me diste,
ayúdame a buscarle.

A que él repuso: —En ti podrás hallarle,
pues como con tal furia te moviste,
si bajo las nalgas le has metido,
le encontrarás en ellas derretido.

La receta

De histérico una monja padecía
y ningún mes contaba
las calendas purpúreas que aguardaba.

Al convento asistía
un médico arriscado
que por su ciencia conoció el estado
de la joven paciente
y cúal era el remedio conveniente;
y con oculta treta,
en papel reservado
entrególe a la sor como receta
cuyo expedito y breve contenido
de esta manera estaba concebido:
«Contra ese flato histérico receto
un fregado completo
en aquellos canales
que los censos expelen mensuales.
Yo para esta faena,
una tienta de carne tengo buena,
con que ofrezco curarla
y la matriz al par deshollinarla.»

Esto leyó la monja, y afanosa
de cobrar su salud, pensó una cosa
con que deshollinada
quedase con la tienta deseada;
para ello, de repente,
con más fuerza el histérico accidente

fingió, de tal manera
que mandó la abadesa se trajera
el médico al momento,
y, sin desconfianza, en el convento
le pidió que quedase
en tanto que la monja peligrase.

Llegó la media noche y las campanas
a maitines tocaron;
las piadosas hermanas
de sus celdas al coro se marcharon,
quedando con la enferma una novicia
de bastante malicia,
y el médico, ajustándose su cuenta
de cómo engañaría a la asistenta.

Ésta, que recelaba el torpe empeño,
fingió ceder al sueño
y vio que el esculapio prontamente
montaba a la paciente
y que ella culeaba
mientras él la estrujaba
tanto, que la pobreta
tragaba suspirando la receta.

La novicia, por no llevar el gorro,
gritó: —¡Hermanas, socorro!
¡Acudan, que este médico maldito
a nuestra hermana pincha el conejito!

Por pronto que a esta voz saltó del lecho
el agresor sin consumar el hecho,

las monjas, que volaron
a la celda, llegando a tiempo, vieron
lo que nunca tuvieron
y siempre desearon;
hallaron a la enferma destapada;
vieron, ¡ay!, enristrada
la tienta valerosa
del médico en el aire y que, furiosa
porque su ocupación se lo impedía,
con todas juntas embestir quería.

A tal vista, una clama: —¡Es un impío!

Otra dice: —¡Qué escándalo, Dios mío!

Otra, con mayor celo, repetía
que sobre sí el delito toMaría
para evitar que luego
llegue sobre el convento a llover fuego.

En tanto que gritaban, la abadesa
llegó dándose priesa,
en brazos de dos monjas apoyada,
con el peso encorvada
de ochenta y cinco años,
que le habían causado, entre otros daños,
almorranas, ceguera,
algo de perlesía y de sordera,
y una pronunciación intercadente
por hallarse su boca sin un diente.

Ésta, pues, enterada de la culpa,

vio que la delincuente se disculpa
mostrando la receta,
y adivinó que el médico operaba
con la tienta que en ella insinuaba.

La abadesa, discreta,
de la verdad queriendo cerciorarse,
en la nariz montó los anteojos,
que eran auxiliadores de sus ojos;
mandó luego acercarse
al galeno que estaba bien armado
por no haber la receta consumado,
y, alzándole deprisa
el cumplido faldón de la camisa,
exclamó con presteza:

—¡Bendígaselo Dios! ¡Soberbia pieza!
La de mi confesor, que pincha y raja,
con dos palmos del vello a la cabeza
es un meñique al lado de esta alhaja.

La poca religión

En la Puerta del Sol, según costumbre,
haciendo el corro andaba
por la noche una moza
que, aunque ya poca lumbre
este oficio la daba,
siempre la que lo ejerce en él se goza.

Al dar una virada,
se halló de cierto quidam abordada,
que, pidiendo matute,
acompañarla quiso complaciente;
y ella, sin que en la paga le dispute,
a su casa condujo al pretendiente.

Los muebles que tenía por adorno
eran un lecho grande y elevado,
sillas en su contorno
y una mesa, la cual el convidado,
porque cenar quería,
hizo cubrir de bodrios de hostería.

Los dos solos cenaron,
y a pasar se dispuso
toda la noche allí, según el uso,
el pagano; mas luego que llegaron
al momento festivo de acostarse,
vieron un hombre por la alcoba entrarse,
que, sacando un colchón del alto lecho,
lo echó al suelo y tendióse satisfecho.

Al verle el convidado,
a la moza le dijo, algo aturdido:

—¿Quién es este señor recién venido?

Y ella le respondió: —Deja el cuidado,
porque ése es mi marido
que viene a recogerse
y en nuestra diversión no ha de meterse.

—Con todo, yo me voy —él le replica—,
que no quiero que turbe mi descanso.

—No hagas tal, que es muy manso
—ella le dice—, y esto no le pica;
que ya en él es costumbre
vivir de su profunda mansedumbre.

Apaga la luz pronto,
y acostémonos ya; no seas tonto.

El hombre obedeció, y entró en la cama;
pero, apenas la luz hubo apagado,
cuando el marido exclama:

—¡Hay tal bellaquería!
¡Echarse de esta suerte, sin decoro!
¡Vaya, que semejante picardía
no pienso que se hiciese ni en el Moro!

—¿Lo ves? —dijo a la moza el convidado—.

¡Si esto era demasiado
para que lo sufriera!

—¡Toma! Pues... si lo sufre de cualquiera...
yo no sé —repetía la señora—,
por qué el bellaco se alborota ahora.

Mas el pagano resolvió, no obstante,
marcharse, y al paciente
le demandó perdón humildemente;
a lo cual respondióle el buen marido:

—Hombre, no se levante,
que a mí no me ha ofendido
porque con mi mujer dormir pretende;
solo la poca religión me ofende
con que, habiendo apagado
la luz, en un momento
no diga: Sea bendito y alabado
el santo Sacramento.

Al maestro cuchillada

Allá en tiempos pasados
salieron desterrados
de la Grecia los dioses inmortales.

Un asilo buscaban,
cuando en nuestro hemisferio se fundaban
diversas religiosas monacales,
y entre ellas, por gozar la vita bona,
se refugió el dios Príapo en persona.

De tal deidad potente el atributo
con que hace cunda el genitario fruto,
es que todo varón que esté en su vista
siempre tenga la porra tiesa y lista.

Con que de esta excelencia
sintiendo la influencia,
en todos los conventos donde estaba
el vigor de los frailes se aumentaba
de modo que las tapias eran pocas
para tener a raya sus bicocas.

Furibundos salieron y atacaron
a roso y a velloso;
pero, aunque más metieron y sacaron,
el efecto rijoso
no por eso cedía
y cada miembro un roble parecía.

El dios Príapo al momento
vio que este monacal levantamiento
sus fuerzas desairaba,
pues más que él cualquier fraile trabajaba,
y por miedo a los rudos empujones
de tales campeones,
abandonarlos luego
pensó, tomando las de Villadiego.

Fuese, por no pasar el tiempo en vano,
a un convento de monjas de hortelano;
pero cuando las madres recogidas
sintieron de tal dios las embestidas,
crecieron sus deseos
a par de los continuos regodeos,
tanto que al huésped molestando andaban
y a puto el postre daban y tomaban.

Entre ellas el potente fornicario
todavía estuviera
si un caso extraordinario
por su influjo viril no sucediera;
y fue que, como siempre en los conventos
hay algunos jumentos,
en éste dos las monjas mantenían
que los trabajos de la huerta hacían;
item más, un verraco había en ella,
de gordura hecho pella,
y un choto ya mancebo
que para procrear tenía cebo;
por desdicha los pobres animales
sintieron los impulsos naturales

del dios que los cuidaba,
y al tiempo que en la huerta paseaba
la femenil comunidad en tropa,
oliendo que eran hembras en la ropa,
el cerdo con gruñidos,
el choto con balidos,
y los asnos a dúo rebuznando
y sus virotes a lucir sacando,
tras de las monjas daban
y, aunque corriesen, bien las alcanzaban;
pero como enfilarlas no podían,
en el suelo caían,
donde el polvo, esperma y otras cosas
las dejaban molidas y asquerosas.

Entonces protección al hortelano
pedían, pero en vano,
porque a los animales su presencia
aumentaba la gana y la potencia.

Así que esto las madres conocieron,
por el maligno a Príapo tuvieron,
que, después de gozarlas,
enviaba el Señor a castigarlas;
conque, dando al olvido
los méritos del dios antecedentes,
después de que le hubieron despedido
quisieron, penitentes,
de su buen confesor aconsejadas,
solo por éste ser refociladas.

Príapo, despechado,

se marchó a la mansión de un purpurado
de geniazo severo,
donde entrar pretendió de limosnero.

El señor cardenal, con mil dolencias
se hallaba, de sus obras consecuencias,
con tres partes de un siglo envejecido
y en la cama impedido,
cuando sus pajes en la alcoba entraron
y al pretendiente dios le presentaron.

Ya había en ellos hecho
la presencia del huésped buen provecho
inflamando sus flojas zanahorias
de suerte que, tornando a la antesala,
las empuñaron con primor y gala
y se hicieron sus cien dedicatorias.

En tanto, el cardenal, que estaba a solas
con Príapo, sintió que se estiraba
el cutis arrugado de sus bolas
y que se le inflamaba
tanto su débil pieza,
que enderezó la prepucial cabeza.

Hallóse, finalmente, como nuevo
y, echándole al mancebo
una ardiente ojeada,
saltó del lecho, la camisa alzada,
cerró la puerta y atacó furioso
a Príapo a traición, que, valeroso,
vio que era, en tal apuro,

descubrirse el remedio más seguro.

Con efecto, impaciente
se desataca y muestra de repente
al cardenal impío
por miembro un mastelero de navío.

Quedóse estupefacto el purpurado
porque, a su vista, el suyo viejo y feo
era lo mismo que poner al lado
del Coloso de Rodas un pigmeo;
y mucho más, oyendo que decía
el dios: —¡Habrá mayor bellaquería!
Sacrílega Eminencia,
Eminencia endiablada,
¿quieres dar al maestro cuchillada?
Sepas que es mi presencia
la que tu miembro entona,
porque soy el dios Príapo en persona;
las cópulas protejo naturales,
pero no los ataques sensuales
de puerca sodomía;
y, pues gozar ojete es tu manía,
quédese el tuyo viejo,
que en sempiterna languidez lo dejo.

—¡No, por la diosa Venus! —humillado
exclamó el cardenal—. ¡A ti, postrado,
dios de fornicación, perdón te pido!
Mis sucias mañas echaré en olvido;
pues, más que en flojedad tan indecente,
quiero tenerlo tieso eternamente.

El cuervo

En un carro manchego
caminaba una moza inocentona
de gallarda persona
propia para inspirar lascivo fuego.

El mayoral del carro era Farruco,
de Galicia fornido mameluco,
al que, en cualquier atasco, daba asombro
verle sacar mulas y carro al hombro.

Un colchón a la moza daba asiento,
porque el mal movimiento
del carro algún chichón no la levante.

Lector, es importante,
referir y tener en la memoria
la menor circunstancia,
para que, por olvido o ignorancia,
la verdad no se olvide de esta historia.

Yendo así caminando,
vieron un cuervo grande que, volando,
a veces en el aire se cernía
y otras el vuelo al carro dirigía.

—¡Jesús, qué pajarraco tan feote!
—dijo la moza—. ¿Y ese animalote
qué nombre es el que tiene?

—Ese es un cuervo —respondió el arriero—,
embiste a las mujeres y es tan fiero
que las pica los ojos, se los saca,
y después de su carne bien se atraca.

Oyendo esto la moza y reparando
que el cuervo se acercaba
al carro donde estaba,
tendióse en el colchón y, remangando
las faldas presurosa,
cara y cabeza se tapó medrosa,
descubriendo con este desatino
el bosque y el arroyo femenino.

Al mirarlos Farruco, alborotóse;
subió sobre el colchón, desatacóse,
sacó... ¡poder de Dios, qué grande que era...!
y a la moza a empujones
enfiló de manera
que del carro los fuertes enviones,
en vez de impedimento,
daban a su timón más movimiento.

Y en tanto que él saciaba su apetito,
ella decía: —¡Sí, cuervo maldito;
pica, pica a tu antojo,
que por ahí no me sacas ningún ojo!

La sentencia justa

A cierta moza un húsar, y no es cuento,
porque le socorriera en sus apuros
del carnal movimiento,
le prometió ocho duros
y después solo cuatro la dio en paga.

La moza, descontenta
con esta trabacuenta,
para que por justicia se le haga
aflojar lo restante,
fue a querellarse de él al comandante.

Era éste un hombre adusto,
pero en sus procederes siempre justo,
y antes de oír a la moza querellante
quiso que el húsar fuese allí al instante.

Presentóse, en efecto, el demandado
y, siendo preguntado
por su jefe de dónde provenía
la deuda que tenía
con aquella señora,
el húsar respondió: —Diga ella ahora,
si lo tuviese a bien, de qué dimana
una deuda que puede ser liviana.

—No tengo impedimento
—la moza dijo entonces—. Sabrá usía
que yo alquilé al señor un aposento

que vacío tenía
para que en él metiese ciertos trastos
que dijo le causaban muchos gastos;
me ofreció media onza por la renta
y ahora con la mitad pagarme intenta.

Calló, y el húsar luego
empezó su defensa con sosiego
diciendo: —Aunque es verdad que ése fue el trato,
me salía más caro que barato,
porque yo solamente
pude meter un trasto estrechamente
en el zaquizamí que me alquilaron;
con que si di por esto
la mitad de la renta, fue bastante,
y no creo que el resto
me obligue ahora a pagar mi comandante.

A que la querellante, sofocada,
replicó: —Esa excepción no vale nada,
pues si tuvo el señor por oportuno
de sus trastos dejar alguno fuera,
no se quedó ninguno
por no tener en donde lo metiera;
que yo desocupada
otra pieza inmediata le tenía,
que, aunque es un poco oscura y jaspeada,
para los que sobraban bien servía.

No dijo más, ni el húsar dijo respuesta
que su defensa hiciese manifiesta,
por lo que el comandante

esta sentencia pronunció al instante:
—Vaya usted, señor húsar, y en la pieza
que la señora dice, con presteza,
meta todos sus trastos por entero
y páguela completo su dinero.

El raigón

Mientras ausente estaba
un pobre labrador de su alquería,
su mujer padecía
dolor de muelas; esto lo causaba
un raigón que, metido
en la encía, tenía carcomido.

En el lugar hacía de barbero
un mancebo maulero
a quien ella quería,
por lo cual mandó a un chico que tenía
le buscase y dijese
que a sacarla un raigón luego viniese.

El rapabarbas, como no era payo,
vino con el recado como un rayo,
y para hacer la cura
se encerró con la moza. ¡Qué diablura!

A veces son los niños de importancia
para que en la ignorancia
no se queden mil cosas
picantes y graciosas;
digo esto porque nunca se sabría
lo que el barbero con la moza hacía
a no ser por el chico marrullero,
que curioso atisbó en el agujero
de la llave la diestra sacadura
del raigón. Repitamos: ¡qué diablura!

La operación quirúrgica acabóse
y el barbero marchóse
dejando a la paciente mejorada,
mas del tirón bastante estropeada,
mientras el chico, alerta,
a su padre esperó puesto a la puerta.

Éste, a comer viniendo presuroso,
preguntóle al muchacho cuidadoso:

—¿Está mejor tu madre?

Y el chico dijo: —Ya está buena, padre;
porque a poco que vino
el barbero a curarla
quiso el raigón sacarla,
y se encerraron para... ya usté sabe;
bien que yo por el ojo de la llave
pude con disimulo
ver que no sacó la muela,
sino que estuvo... amuela que te amuela,
dale... y la sacó al fin de junto al culo
un raigón... de una tercia, goteando,
con sus bolas colgando;
y al mirarlo, en voz alta
dijo mi madre: «¡Ay, cómo se hace falta!».

En todas ocasiones,
al buen entendedor, pocas razones;
dígolo porque luego
que éstas oyó el buen hombre, echando fuego

por los ojos, a su hijo:

—Ve corriendo —le dijo—;
di al barbero que en nada se detenga
y a sacarme un raigón al punto venga,
que yo entre tanto prevendré una estaca;
veremos si se lleva lo que saca
ese bribón malvado
cuando hace falta lo que se ha llevado.

Partió a carrera abierta
el chico, y con la tranca de la puerta
el padre prevenido,
a quien le había así favorecido
con intención dañosa
esperó, sin decir nada a su esposa.

Erramos los mortales
en nuestros juicios intelectuales;
bien el proverbio aquí lo manifiesta:
«Quien con niños se acuesta...»

Pues, como iba diciendo de mi cuento,
el chico en un momento,
llegó a la barbería,
llamó al autor de la bellaquería
y le dio su recado.

El hombre, descuidado,
tomó capa y gatillo,
y ya se iba a marchar con el chiquillo
cuando, por su fortuna,

de sus ventosidades soltó una;
lo que el muchacho oyendo
le dijo sonriendo:

—Bien puede usted, maestro, ahora aflojarse,
que pronto ha de ensuciarse,
pues mi padre, enfadado,
del raigón que a mi madre le ha sacado
porque falta le hacía,
la tranca de la puerta prevenía;
y es que, sin duda, intenta
de lo que usté sacó tomarle cuenta.

Cuando esto oyó el barbero,
soltó capa y sombrero
y le dijo: —Para esa paparrucha
no es menester que vaya yo. Hijo, escucha:
corre y dile a tu padre
que le meta a tu madre,
si le hace falta, en el lugar vacío,
otro raigón que tiene igual al mío.

Los relojes del soldado

Dieron alojamiento
a un tunante sargento
en la casa de cierta labradora,
viuda, joven, con humos de señora,
cuyo genio intratable
en breve con su huésped se hizo amable,
habiendo reparado
que era rollizo, sano y bien formado;
tanto, que dijo para su capote:

—¡Vaya! Tendrá un bellísimo virote.

Al tiempo que cenaron,
mil pullas a los dos se les soltaron,
y después el sargento
dijo: —Patrona mía, lo que siento
es que mi compañía
marcha al romper el día,
por lo cual tendré que irme tempranito,
y quizá no habrá en este lugarcito
un reloj de campana
que se oigan dar las tres por la mañana.

—Aunque no haya ninguno
—la viuda respondió—, yo tengo uno
en mi corral guardado,
que es más fijo que el Sol por lo arreglado:
mi gallo, que no atrasa ni adelanta,
porque a la aurora sin falencia canta.

—Yo también —respondióla prontamente
el sargento—, un reloj conmigo tengo
que, cuando está corriente,
todas las horas da que le prevengo;
pero para arreglarle
es preciso las péndolas colgarle,
dándolas movimiento
mientras que el minutero toma asiento,
que, en teniéndolas a gusto,
apunta bien y da las horas justo;
mas yo, solo y cansado,
no le puedo poner en tal estado.

—Lo hará el señor sargento con mi ayuda
—le dijo la viuda.

—Tanto mejor —exclama
el tunantón—; pero será en la cama.

Y no lo dijo en vano,
que, tomándola luego de la mano,
al lecho la conduce
y, halagándola, pronto la reduce
a que en forma se ponga:
el minutero mete,
las péndolas le cuelga y arremete
tan firme a la patrona a troche y moche,
que dio todas las horas de la noche.

Gustosa la viuda, aunque cansada,
vino a dormirse hacia la madrugada,

y también el sargento, sin cuidado,
en el gallo fiado,
cogió el sueño, contento
de la repetición del movimiento.

Ya bien entrado el día,
le despertó la prisa que tenía
de marcharse temprano,
porque no cantó el gallo, o cantó en vano;
y viendo que ya había falta hecho,
al corral fue derecho,
pilló al pobre reloj de carne y pluma,
y con presteza suma
el pescuezo torcióle
y en el morral, colérico metióle.

Queriendo antes de irse
de su amable patrona despedirse,
volvió a entrar en la alcoba
y encontró a la muy boba
destapada y despierta;
conque cerró la puerta
y, montándola presto,
le dijo: —Mi reloj se ha descompuesto
otra vez y, antes de irme en tal estado,
quiero que me lo pongas arreglado.

La dócil labradora
lo arregló y le hizo dar la última hora;
y él, de la compostura agradecido,
tomó la puerta habiendo concluido;
mas ya en la calle, díjola en voz alta:

—Si su reloj, patrona, le hace falta,
no se le dé cuidado,
porque andaba también algo atrasado,
y yo para ponerlo como nuevo,
en mi morral a componer lo llevo.

Diógenes en el Averno

El cínico Diógenes de Atenas
con su filosofía
hizo, mientras vivió, mil cosas buenas,
siendo su gran manía
ponerse a procrear públicamente
a Sol radiante y a faldón valiente.

Decía: —No es razón que a ver a un hombre
morir se junten tantos
y el ver fabricar otro les asombre
para que hagan espantos.

¡Ay, ya murió ese sabio, y su tinaja
le sirvió de sepulcro y de mortaja!

Libre, después, del natural pellejo
descendió a la morada
de las errantes sombras, y el buen viejo
la halló tan embrollada
que mandó de su cóncavo profundo
la redacción siguiente a nuestro mundo:

Dice, pues, que llegando del Leteo
a la terrible orilla,
vio al anciano Carón, pálido y feo,
sentado en su barquilla,
procurando con mano intermitente
dar a su seco miembro un emoliente.

Las sombras de los muertos se agrupaban
en fantásticas tropas;
con ademanes lúbricos se alzaban
las funerarias ropas,
y trabajaban hembras y varones
en dar el ser a mil generaciones.

Atónito Diógenes severo,
esperó a que acabara
su operación prolífica el barquero
para que a la otra orilla le pasara;
el cual, luego que tuvo a bordo al sabio,
le dijo así con balbuciente labio:

—¡Oh, cínico filósofo! Has llegado
en un día al Averno
de polución, pues hoy está ocupado
el gran Plutón eterno
en procrear tres furias inhumanas,
porque están las Euménides ya ancianas.

A este fin, en su lecho, a lo divino
embiste a Proserpina,
y, en tanto, sus vasallos del destino
seguimos la bolina.
Bien puedes tú, pues hoy no han de juzgarte,
en los Campos Elíseos embocarte.
Dijo, y le desembarca al otro lado.

Diógenes, siguiendo
su camino, gustoso y admirado,
las obras iba viendo

del lujurioso influjo entre los diablos
de aquellos oscurísimos establos.

El Can Cerbero y la Quimera holgaban
en lúbrico recreo;
las hijas de Danao se lo daban
a Ixión, a Prometeo,
a Tántalo, a Sísifo y a otros muchos
condenados espectros y avechuchos.

Minos también, y Caco, y Radamanto,
alcaldes infernales,
a las tres viejas Furias entre tanto
atacaban iguales,
y Diógenes a todos, satisfecho,
al pasar les decía: —¡Buen provecho!

Por último, a Plutón y Proserpina
llegó a ver en la cama,
metiendo, al engendrar, tanta fagina
entre sulfúrea llama,
que sus varias y bellas contorsiones
imitaban culebras y dragones.

En vez de semen, alquitrán vertían;
moscardas les picaban;
los fétidos alientos que expelían
el Averno infestaban;
lanzando por suspiros alaridos,
de su placer furioso poseídos.

Aquí exclamó Diógenes —y acaba

su relación con esto:

—¡Qué bien hacía yo cuando engendraba
públicamente puesto!
¡No ocultéis más, mortales, un trabajo
que haces diablos y dioses a destajo!
bolina: bulla, ruido, pendencia, desazón

La medicina de san Agustín

En la ciudad alegre y renombrada
que riega, saltarín, Guadalmedina,
empezó a padecer de mal de orina
una recién casada
de edad de veinte años,
a quien vinieron semejantes daños
de que su viejo esposo
setentón lujurioso,
por más esfuerzos que a su lado hacía
y con sus refregones la impelía
al conyugal recreo,
jamás satisfacía su deseo,
quedando a media rienda el pobrecito
con un poco de pavo tan maldito,
que la moza volada
enfermó de calor. ¡Ahí que no es nada!

Era harto escrupulosa
la requemada esposa,
y, por calmar su ardor la Penitencia,
frecuentaba los santos sacramentos
pensando que aliviaran su conciencia
ciertos caritativos argumentos
con que un fraile agustino
daba lecciones del amor divino.

Refirióle afligida
las fatigas que el viejo impertinente,
su esposo, aunque impotente,

le obligaba a sufrir, y que encendida,
después que la atentaba
y de asquerosas babas la llenaba,
en el crítico instante
la dejaba ardorosa y titilante.

Y aquí, lector, no cuento
lo que también contó de un sordo viento
fétido y asqueroso
que expelía en la acción su anciano esposo,
caliente y a menudo:
porque la edad en tales ocasiones
afloja del violín los diapasones.

Volvamos sin tardanza
al agustino, que entendió la danza
y le dijo: —Esta tarde
a solas quiero, hermana, que me aguarde
en su cuarto, y haré que el mal de orina
se le cure con una medicina
que el gran padre Agustín, santo glorioso,
a nuestra religión dejó piadoso.

En esto concertados,
el bravo confesor y la paciente
a la tarde siguiente
en una alcoba entraron, y, encerrados
allí, Su Reverencia
a la joven curó de su dolencia
con un modo suave
y al mismo tiempo vigoroso y grave.

Entre tanto, el esposo
con un médico había, cuidadoso,
consultado los males
que su mujer sufría tan fatales
y a su casa consigo le traía
a tiempo que salía
de ella el buen confesor, gargajeando
y de la fuerte operación sudando.

Sin detenerse el viejo en otra cosa,
entró y dijo a su esposa:

—Mira, hijita, qué médico he buscado,
que dejará curado
ese tu mal de orina
aplicándote alguna medicina.

Y ella al galeno entonces, muy serena,
dijo: —No es menester, que ya estoy buena;
mi enfermedad penosa
ha cedido a la fuerza milagrosa
que San Agustín puso en los pepinos
de los robustos frailes agustinos.

Once y trece

I
Con un robusto fraile carmelita
se confesaba un día una mocita
diciendo: —Yo me acuso, padre mío,
de que con lujurioso desvarío
he profanado el sexto mandamiento
estando con un fraile amancebada,
pero ya de mi culpa me arrepiento
y espero verme de ella perdonada.

—¡Válgame Dios! —el confesor responde,
encendido de cólera—. ¿Hasta dónde
ha de llegar el vicio en las mujeres,
pues sacrílegos son ya sus placeres?
Si con algún seglar trato tuviera,
no tanta culpa fuera,
mas con un religioso... Diga, hermana:
¿qué encuentra en él su condición liviana?

La moza respondióle compungida:

—Padre, hombre alguno no hallaré en vida
que tenga tal potencia:
sepa Su Reverencia
que mi fraile, después que me ha montado
trece veces al día, aún queda armado.

—¡Sopla! —dijo admirado el carmelita—.
¡Buen provecho, hermanita!
De tal poder es propio tal desorden;

de once... sí... ya los tiene nuestra orden
cuando alguno se esfuerza...
¡pero, trece...! Jerónimo es por fuerza.

II

La casa de una moza visitaba
un jerónimo grave, con frecuencia,
y en ella mucha veces exaltaba
de su orden poderosa la excelencia.

Entre las propiedades que elogiaba
con más grave fervor Su Reverencia
era la de las fuerzas genitales,
en que son los jerónimos brutales.

—Ya sé —dijo la moza—, que infinitas
son las fuerzas de tropa tan valiente,
pues de los monacales las visitas
sacian a la devota más ardiente;
si hacen once los padres carmelitas,
los jerónimos trece comúnmente;
pero trece, por más que se pondera,
es docena de frailes cualesquiera.

—Ese refrán no prueba lo bastante
—el jerónimo dijo, algo picado—;
mas un convenio hagamos al instante
que mi instituto deje acreditado,
y es: que, después que juguetón y amante
la docena del fraile te haya echado,
por cada vez de más que te lo haga
una onza de oro me darás en paga.

—Está muy bien; acepto ese partido,
la moza replicó; mas convendremos
en que si de las trece que ha ofrecido
falta alguna, la falta ajustaremos
a onza de oro, cual yo he prometido.

—Sea en buen hora y juntos dormiremos
—respondió el reverendo complacido—,
pues si esta noche en mi convento falto
es para conseguirle honor más alto.

Hecho el trato, a las doce se acostaron;
matan la luz, empiezan las quimeras,
y ocho postas seguidas galoparon
sin dar paz a riñones ni a caderas;
mas luego que la nona comenzaron
paró la moza sus asentaderas,
porque la pobre ya más no podía.
¡Tan duro y firme el fraile lo tenía!

En fin, al ser de día, el religioso
corrió la posta trece por entero
y de la moza el chisme cosquilloso
puso como de patos bebedero.

Ella, viendo el estado vigoroso
del fraile, y en peligro su dinero,
pretextando un aprieto no decente,
salióse de la alcoba prontamente.

Buscó y llamó en silencio a su criada;
contóle del concierto el mal estado

y que ella no se hallaba para nada
porque el fraile la había derrengado,
mas que, por no quedar avergonzada,
el recurso que había imaginado
era que sin chistar corriendo fuera
y en la cama con él se zambullera.

Una yesca encendía el fraile en tanto,
y el pedernal con lumbre brilladora
a la criada al entrar dio tal espanto
que, volviéndose, dijo a su señora:

—¡Ay, que es su aquél como un brazo de santo!
¡Lo he visto y no me atrevo a entrar ahora,
pues a lo tieso al fraile se le junta
que le está echando fuego por la punta!

La oración de san Gregorio

Un cura y su criada en una aldea
la noche de difuntos
se calentaban juntos
al fuego de una grande chimenea.

La doncella era joven y graciosa
tanto como inocente,
y el cura un hombre ardiente,
de barriga y gordura prodigiosa,
porque siempre estos bienaventurados
son de salud por el Señor colmados.

Al ir al dormitorio
la mujer dijo al cura, compungida:

—¡Ay, señor! Estarán en la otra vida
almas del Purgatorio
esta noche esperando
los sufragios que allí vayan llegando
de unas y otras gentes,
para subir al Cielo,
y, aunque he rezado yo por mis parientes,
no sé si este consuelo
lograrán por mis cortas oraciones,
porque esto también anda en opiniones.

—Cierto —le dijo el cura, suspirando,
desnudo ya, subiéndose a la cama
y sus formas rollizas enseñando—;

cierto que no hay sufragios suficientes
para sacar las ánimas benditas
de la llama cruel del Purgatorio,
si no es cierta oración de San Gregorio
que consigue indulgencias infinitas.

Cada vez que se reza por un alma,
sube al instante al Cielo con su palma;
mas no puede rezarse
sino entre dos al tiempo de acostarse.

—¡Oh! Si en esto consiste,
—respondió la doncella—,
señor cura, por Dios que la recemos
entre los dos, y luego dormiremos;
iránse por mis padres aplicando
al tiempo de ir rezando.

—Bien: aunque tengo sueño, dijo el cura,
lo haré porque te estimo:
acuéstate a mi lado
y no tengas cuidado
si en medio del fervor a ti me arrimo,
porque estas oraciones
tienen su ahogo y sus espiraciones.

Con arreglo a tales circunstancias,
rezaron juntos la oración primera,
que se aplicó a la madre
de la pobre soltera,
y ella exclamó: —Prontito por mi padre
recemos, señor cura, que no dudo,

por el placer que el rezo me ocasiona,
que mi madre en el Cielo se corona.

Como mejor se pudo,
y a fe que bien lo hicieron
después rezando fueron
por los tíos, hermanos
y parientes lejanos
de que se fue acordando la mozuela,
y en fin solo un abuelo
faltaba de tan larga parentela
que conducir al Cielo.

El cura ya cansado
porque había salvado
con su santa faena
diez ánimas en pena,
por más que se afanaba
se encendía y sudaba
y mil esfuerzos con vigor hacía,
arrancar aquel muerto no podía;
y la moza, notando
esta falta, le dijo: —¿Qué? ¿Mi abuelo
no ha de subir al cielo?

A que respondió el cura desmontando:

—No, porque él no rezaba a San Gregorio.
Déjalo que se esté en el Purgatorio.

Los nudos

Casarse una soltera recelaba,
temiendo el grave daño que causaba
el fuerte ataque varonil primero
hasta dejar corriente el agujero.

La madre, que su miedo conocía,
si a su hija algún joven la pedía
con el honesto fin del casamiento,
procedía con tiento,
sin quitarle del todo la esperanza,
hasta que en confianza
al pretendiente preguntaba airosa
si muy grande o muy chica era su cosa.

Luego que esta cuestión cualquiera oía,
alarde al punto hacía
de que Naturaleza
le había dado suficiente pieza.
Quién decía: —Yo más de cuarta tengo;
quién: —Yo una tercia larga la prevengo;
y un oficial mostró por cosa rara
un soberbio espigón de media vara.

Tan grandes dimensiones iba viendo
la madre y a los novios despidiendo,
diciéndoles: —Mi chica quiere un hombre
que con tamaños tales no la asombre:
y marido de medios muy escasos;
y así, ustedes no sirven para el caso.

Corrió en breve la fama
del extraño capricho de esta dama,
hasta llegar a un pobretón cadete
que luego que lo supo se promete
vivir en adelante más dichoso
llegando con cautela a ser su esposo.

Presentóse en la casa
y, lamentando su fortuna escasa,
dijo que hasta en las partes naturales
eran sus medios en pobreza iguales.

Oyendo esta noticia,
la madre le acaricia,
y, como tal pobreza la acomoda,
muy pronto con su hija hizo la boda.

Concluida conforme a su deseo,
en la primera noche de himeneo
se acostó con su novio muy gustosa,
sin temor, la doncella melindrosa;
mas, apenas su amor en ella ensaya,
cuando enseñó el cadete un trativaya
tan largo, tan rechoncho y desgorrado,
que mil monjas le hubieran codiciado.

La moza, al verlo, a todo trapo llora;
llama a su madre y su favor implora,
la que, en el cuarto entrando
y de su yerno el avión[1] mirando,

---

1   Avión: parece derivar de «gavión», que es cierto pájaro parecido al vencejo.

empezó de su engaño a lamentarse
diciendo que le haría descasarse;
y el cadete, el ataque suspendiendo,
así la habló, su astucia defendiendo:

—Señora suegra, en esto no hay engaño;
yo no le haré a mi novia ningún daño,
porque tengo un remedio
con que el tamaño quede en un buen medio.
Déme un pañuelo: me echaré en la cosa
unos nudos que escurran, y mi esposa,
según que con la puntita yo la incite,
pedirá la porción que necesite.
Usté, que por las puntas del pañuelo
tendrá para evitar todo recelo,
los nudos, según pida, irá soltando
y aquello que le guste irá colando.

No pudiéndose hallar mejor partido,
abrazaron las dos el prevenido:
al escabullo encasan el casquete,
y la alta empresa comenzó el cadete.

Así que la mocita
sintió la tintilante cosquillita,
a su madre pidió que desatara
un nudo, para que algo más le entrara.

Siguiose la función según se pudo,
a cada golpe desatando un nudo,
hasta que al fin, quedando sin pañuelo
el guión que causó tanto recelo

dentro ya del ojal a rempujones,
apenas ver dejaba los borlones.

Mas ella, no saciando su apetito,
decía: —Madre, quite otro nudito!

A que la vieja dijo sofocada:

—¡Qué nudo ni qué nada!
Ya no queda más nudo ni pañuelo;
que estás con tu marido pelo a pelo.

—¡Toma! —la hija respondió furiosa—.
¿Pues qué hizo usté de tan cumplida cosa?
¡Ay!, Dios se lo perdone;
siempre mi madre mi desdicha fragua;
todo lo que en las manos se la pone
al instante lo vuelve sal y agua.

La limosna

A pedir la limosna acostumbrada,
a una granja del pueblo separada,
llegó un fornido lego franciscano,
donde halló de carácter muy humano
a una viuda y joven labradora
que era de aquella granja la señora.

Ésta, luego que vio tan colorado
al lego, tan robusto y bien tratado,
sintió cierta pasión picante y viva
que animó su virtud caritativa.

Echóle en las alforjas varias cosas
al paladar gustosas
con que los reverendos regalones
suelen regodearse en ocasiones,
y, ya muy bien provisto por su mano,
le dijo al irse: —¿Quiere más, hermano?

—Quiero lo que me den —respondió el lego—;
mas lo que haya de ser démelo luego,
porque quien pronto da y sin intereses
hace una santa acción y da dos veces.

—Pues voy a darle, replicó la hermana,
un velloncito negro de mi lana,
que le puede servir de cabecera
cuando se quede del convento fuera.

Con efecto, le trajo un velloncito
muy negro, muy rizado y peinadito,
que el lego recogió con gran sosiego,
queriendo marchar luego,
diciendo: ¡Sea por Dios!, según costumbre,
sin que el nuevo regalo diese lumbre.

Mas la viuda, cogiéndole una punta
del cordón, le detiene y le pregunta,
afable y cariñosa,
si no necesitaba de otra cosa.

A que él dijo: —No habrá nada que sobre
a mi comunidad, porque es muy pobre,
y de todo, hermanita,
la orden de San Francisco necesita.

Mientras esto pasaba,
una gallina dentro cacareaba
y la viuda al lego dijo: —Espere,
hermano, y llevará si lo quisiere,
pues por mayor regalo se lo ofrezco,
de mi pollita blanca un huevo fresco.

—Hermana, uno no basta,
dijo el lego, que cada fraile gasta,
las veces que los come todo el año,
un par de huevos y de buen tamaño.

La labradora entonces hacia el lego
se arrima con más fuego
y, sin andarse en otros perendengues,

le dice cariñosa, haciendo dengues:

—Pues, hermano, que tome le aconsejo
para regalo suyo este conejo.

—No lo gasto tampoco; mas no obstante
—el lego responde—, aquí delante,
pues es limosna, póngale al momento:
le llevaré al guardián de mi convento,
que lo suele comer muy a menudo
aunque tenga sus pelos y esté crudo.

A Roma por todo

Un payo a confesarse a Madrid vino
por ver si un reverendo capuchino,
que de gran santidad fama tenía,
de sus grandes pecados le absolvía.

Dirigióse al convento
de este varón sagrado
y le halló en el asiento
de su confesionario, rellanado,
absolviendo a sujetos diferentes
que traían las caras penitentes.

Llegó al payo su vez y, arrodillado,
—Padre —le dice—, mi mayor pecado,
consiste en ser un hombre
que tiene la desgracia de ser pobre.

—Cristo amó la pobreza —el fraile exclama—,
y esa no es culpa. —¡Ay, padre! —el payo dice—,
es que, como yo estoy tan infelice,
mi mujer y mi madre,
mis tres cuñadas mozas y mi padre
para vivir tenemos un cuartito
no más, porque yo estoy muy pobrecito.

—Vamos —le dice el fraile—, hijo, prosiga,
que todavía en vano se fatiga.

—Allá voy —siguió el payo, suspirando—;

pues, como iba contando,
una cama hay no más en esta pieza
para tantas personas; mi pobreza
no permite tampoco que tengamos
ninguna luz cuando nos acostamos,
y así yo, equivocado,
muchas veces a oscuras he topado
en vez de mi mujer, ¡ay!, con mi madre,
y otras veces... ¡Ay, padre,
será fuerza ir a Roma
si de absolverme el cargo no se toma!

Aquí, mientras el payo suspiraba,
el fraile se encogía y encerraba
en el confesionario, y luego dijo:

—Acaba pronto, hijo,
mientras que yo en seguro me acomodo,
porque, como ahora estás tan agitado
y aquí no hay luz, con este pobre modo
puedes topar conmigo equivocado.

—No haré —replica el payo—,
que huele a capuchino vuestro sayo;
pero a mí me han perdido
las equivocaciones:
sin luz, medio dormido,
he compuesto en diversas ocasiones,
lo mismo que a mi madre a mis cuñadas,
y todas cuatro están embarazadas.
¡Ah! Si el cargo no toma
Su Reverencia, padre, de absolverme,

me costarán mis culpas ir a Roma
y so sé en mi pobreza cómo hacerme.

A lo que el fraile le dijo: —¡Pobrecito!
Todavía no es tiempo. Corre, hijito;
ve y compón a tu padre, y de este modo
irás a Roma de una vez por todo.

El resfriado

Montada en la trasera de su mulo,
a una corta aldehuela
llevaba un arriero a una mozuela,
la cual, con disimulo,
o por flato o por malos alimentos,
solía soltar pestíferos alientos.
Iba estando el arriero sofocado
del mal olor, y díjola enfadado:

—Mira que como des en aflojarte
de esa suerte, no tienes que quejarte
si me aburro y te apeo
y encima de ti un rato me recreo,
porque el flato se cura en ocasiones
con ciertas lavativas a empujones.

La mozuela calló atemorizada;
pero, como la pobre iba cansada,
por más que se encogía,
el aire a su pesar se le salía,
y así, al primer rumor extraordinario
que escuchó el arriero temerario,
la bajó diligente,
la tendió prontamente
y, para dar remedio a su fatiga,
la estrujó cuerpo a cuerpo la barriga,
quedando él más ligero
y ella mucho mejor del flato fiero.

Concluyóse, siguieron caminando,
y la moza también de cuando en cuando
siguió echando gerundios garrafales,
los que nuestro arriero, con mil soles,
apenas escuchaba,
cuando otra vez de nuevo la estrujaba.

Tanto usó del remedio,
que al hombre al fin le vio a causar tedio,
y, aunque con más estruendo ella expelía
el viento, el arriero ya no oía;
y la muchacha, al ver que su costumbre
no daba entonces lumbre,
le dijo: —¡Ay, Dios! Tío Juan, que me he aflojado.
¿No oye usté qué rumor se me ha escapado?
Detengamos el mulo
y póngame en el suelo.

A que él la respondió con disimulo:

—Si estoy ya resfriado y no te huelo.

El onanismo

Un zagalón del campo,
de estos de «Acá me zampo»,
con un fraile panzón se confesaba,
que anteojos gastaba
porque, según decía,
de cortedad de vista parecía.

Llegó el zagal al sexto mandamiento,
donde tropieza todo entendimiento,
y dijo: —Padre, yo a mujer ninguna
jamás puse a parir, pues mi fortuna
hace que me divierta solamente,
cuando es un caso urgente,
con lo que me colgó Naturaleza,
y lo sé manejar con gran destreza.

—¿Con que contigo mismo
—dice el fraile, enojado—,
en un lance apretado
te diviertes usando el onanismo?

—No, padre —el zagal clama—;
no creo que es así como se llama
mi diversión, sino la... —Calla, hombre
—dice el fraile—; yo sé muy bien el nombre
que dan a esa vil treta,
infame consonante de retreta.
¿Tú no sabes que fue vicio tan feo
invención detestable de un hebreo,

y que tú, por tenerla, estás maldito;
del Espíritu Santo estás proscrito;
estás predestinado
para ser condenado;
estás ardiendo ya en la fiera llama
del Infierno, y...? —¡No más! —el mozo exclama,
queriendo disculparse—.
Esta maña no debe graduarse
en mí de culpa, padre. Yo lo hacía
porque veo muy poco, y me decía
el barbero mi primo se aclaraba
la vista el que retreta se tocaba.

Aquí con mayor ira
el fraile replica: —¡Eso es mentira!
Pues si fueran verdad juicios tan varios,
las pulgas viera yo en los campanarios.

La paga adelantada

Una soltera muy escrupulosa
casarse rehusaba,
y decía a su madre que pensaba
que hacer la mala cosa
aun después de casada era pecado.

Un bigardón[2] del caso fue informado,
y, habiéndose en la casa introducido
y hallándose querido,
pidió a la niña luego en casamiento.

Ella el consentimiento
dio con la condición de que tres veces
en la primera noche se lo haría
por ponerla al corriente, y seguiría
luego una sola vez todos los meses.

Hízose al fin la boda
y, e la noche ya llegado el plazo,
la muchacha tres veces, brazo a brazo,
sufrió, sin menearse, la acción toda.

Concluyó el fuerte mozo su trabajo
y durmióse cansado; ella, impaciente,
andaba impertinente
volviéndose de arriba para abajo,
hasta que él acabó por despertarse
y huraño dijo: —¡Hay tal cosquillería,

2   Bigardón: aumentativo de bigardo, es decir, haragán.

que por dos veces ya me has despertado!

Y ella exclamó, acabando de arrimarse:
—¿Me quieres dar un mes adelantado?

Las tijeras del fraile

Yéndose a confesar cierta criada,
muy joven, inocente y agraciada,
con un fraile jerónimo extremeño,
más bravío que toro navarreño,
le sucedió un percance vergonzoso
digno de ser sabido por chistoso.

Hizo su confesión la tal sirviente
como la hace cualquiera penitente,
con profunda humildad y abatimiento,
y pasó en blanco el sexto mandamiento.

Notando el confesor el raro brinco,
le preguntó con lujurioso ahínco
por qué el santo precepto se saltaba
sin decir de qué y cómo se acusaba;
a lo que ella responde llanamente:

—Nunca he pecado en él, ni venialmente.

Ante tan gran rareza,
miróla de los pies a la cabeza
el fraile, y pensó al punto: —O yo estoy loco,
o esto no es de perder, pues de esto hay poco.

Siéntese con la cosa ya alterada
y, echando por la iglesia una ojeada,
notó que había en ella poca gente
y discurrió un diabólico expediente.

No hallando en qué imponerla penitencia,
pues la moza era un pozo de inocencia,
la dice: —¿Y cómo, siendo tan hermosa,
no pone más cuidado en ser curiosa?
Ese pelo, ¿por qué no está atusado?
Esa cara, ¿por qué no se ha lavado?
¿Y qué diré al mirar uñas tan fieras?
¿Acaso es que en su casa no hay tijeras?
Pues, para que haga lo que la prevengo,
voy a darla unas finas que aquí tengo.

Agárrala una mano y la dirige
sin más ni más a donde tiene el dije
y, estando ya la hornilla preparada,
en cuanto tropezó se halló mojada.

Retira el brazo, llena de sorpresa,
limpiándose la goma a toda priesa,
y el fraile la pregunta: —¿Te has cortado?
Pues ya hace un mes que no se han amolado.

Cualquier cosa

Una noche de enero,
estaba calentándose al brasero
una joven casada,
su ropa en la rodilla remangada,
porque así no temía quemarse
en tanto que labor hacía.

De este modo esperaba a su marido,
que era un pobre artesano,
mientras entretenido
un chico que tenía, por su mano
castañas en la lumbre iba metiendo
y el rescoldo con ellas revolviendo.

Así agachado, de su madre enfrente,
asaba diligente
una y otra castaña,
cuando, la vista alzando descuidado
vio con admiración cierta montaña
de pelo engrifonado,
con que se coronaba y guarnecía
un ojal que su madre allí tenía.

Con tal visión se puso
el muchacho confuso;
mas queriendo, curioso,
saber si en aquel sitio tenebroso
alguna trampantoja se escondía
y qué hondura tenía,

poquirritito a poco, aunque con miedo,
se fue acercando, y... ¡zas!, le metió el dedo.

Respingóse la madre, y dio un chillido
por no estar su agujero prevenido
para esta tentadura inesperada,
y al dejar, agitada,
su silla, tropezó con el puchero
del guisado, y vertióle en el brasero.

El muchacho, que vio con sobresalto
arruinada la cena por el salto,
dijo: —¿De qué se asusta, madre mía,
si era yo quien el dedo la metía?
Dígame usté: ¿qué es eso
que tiene entre las piernas tan espeso?

—¿Qué te importa? —le dijo muy rabiosa
la madre—. Eso será... cualquier cosa.
¡Miren qué travesura!
¡No es mala tentación de criatura
buscarle las cosquillas a su madre
para que sin cenar deje a su padre!
Ya verás, cuando venga y se lo cuente,
qué linda zurra te dará en caliente.

El chico, temeroso,
la pidió que callase,
pues jamás volvería a ser curioso
como a su padre nada le contase,
y la madre, por fin desenojada,
cuando vino el marido

le refirió que el gato había vertido
la cena preparada,
derribando el puchero
que estaba calentándose al brasero.

El hombre, que la amaba,
aunque no le gustaba
quedarse sin cenar, como a su hijo,

—¡Qué hemos de hacer! —le dijo—.
Por esta noche, esposa,
cenaremos los tres cualquier cosa.

Apenas el muchacho hubo escuchado
esta resolución, cuando agitado,
de tal suerte gemía,
que le preguntó el padre qué tenía.

Y el chico, con mayores desconsuelos,
respondió en voz llorosa:

—¡Yo no quiero cenar cualquier cosa,
padre, que está mojada y tiene pelos!

El cañamón

Cierta viuda, joven y devota,
cuyo nombre se sabe y no se anota,
padecía de escrúpulos, de suerte
que a veces la ponían a la muerte.

Un día que se hallaba acometida
de este mal que acababa con su vida,
confesarse dispuso,
y dijo al confesor: —Padre, me acuso
de que ayer, porque soy muy guluzmera[3]
sin acordarme de que viernes era,
quité del pico a un tordo que mantengo,
jugando, un cañamón que le había dado
y me lo comí yo. Por tal pecado
sobresaltada la conciencia tengo
y no hallo a mi dolor consuelo alguno,
al recordar que quebranté el ayuno.

Díjola el padre: —Hija,
no con melindres venga
ni por vanos escrúpulos se aflija,
cuando tal vez otros pecados tenga.

Entonces, la devota de mi historia,
después de haber revuelto su memoria,
dijo: —Pues es verdad: la otra mañana
me gozó un fraile de tan buena gana
que, en un momento, con las bragas caídas,

---

3   Guluzmera: golosa.

once descargas me tiró seguidas
y, porque está algo gordo el pobrecillo,
se fatigó un poquillo
y se fue con la pena
de no haber completado la docena.

Oyendo semejante desparpajo
el cura un brinco dio, soltó dos coces,
y salió por la iglesia dando voces
y diciendo: —¡Carajo!
¡Echarla once, y no seguir por gordo!
¡Eso sí es cañamón, y no el del tordo!

La linterna mágica

Un novicio tenía en su convento
el entretenimiento,
cuando a solas estaba,
de tocarse el guión que le colgaba,
porque, como del claustro no salía,
gozar de otros placeres no podía.

Sorprendióle en sus sucios ejercicios
una vez el maestro de novicios,
y el converso, turbado,
queriendo se ocultase su pecado,
imploró la piedad del reverendo,
el cual así le dijo sonriendo:

—Hermano, yo conozco la flaqueza
de la naturaleza;
sé que en esta mansión de santa calma
nos domina la carne en cuerpo y alma,
y a perdonar sus culpas me acomodo;
pero quiero me diga de qué modo
puede hacerse ilusión consigo mismo,
pues, aunque usaba yo del onanismo
cuando era mozalbete sin dinero,
luego que descubrí cierto agujero
que tienen las mujeres,
solo con ellas pude hallar placeres.

El novicio, admirando la clemencia
de su maestro, así a Su Reverencia

le descubre el secreto,
diciéndole: —Maestro, en un aprieto,
es mi imaginación ardiente y viva
quien me ayuda la parte sensitiva,
porque, en las ilusiones que me ofrece,
una linterna mágica parece.
Verbi gratia: figúrome que veo
pasar con lujurioso contoneo
a la Ojazos, y exclamo: «¡Ay, Dios! ¡Qué hermosa!»;
empuño, como veis, luego mi cosa
dándole... uno... dos... tres... golpes de mano
que a la Ojazos dedico muy ufano.
Después digo: «Ahora pasan las Trapitos
con melindres y adornos exquisitos;
¡qué morenas...! ¡qué provocantes!»;
y a su salud van dos pasavolantes.
Luego pienso: «Allá va la Zapatera,
que un mar de tetas lleva en la pechera.
¡Ay!, ¡qué gorda!, ¡qué blanca!, ¡qué aseada!,
¡qué pierna se la ve tan torneada!
Bien merece su garbo soberano
la dedique seis golpes de mi mano:
uno..., dos...». Aquí el fraile, que veía
que el novicio a lo vivo proseguía
su cosa golpeando
y que ya de la cuenta iba pasando,
le dijo: —Espere y, ya que así se aplica,
dígame a quién dedica
de su linterna mágica el pecado.

A que el novicio respondió siguiendo
su negocio, y la obra concluyendo:

—¡Ay, padre! Pues pasó la Zapatera,
esta va a la... ¡qué gusto...! a la cualquiera.

El «¿pues y qué?»

A un alcalde de corte a presentarse
fue una mujer, diciendo iba a quejarse
de que al débito santo la faltaba
su marido y jamás la contentaba.

El alcalde mandó que al otro día
ante su señoría
los dos se presentasen en la audiencia,
donde recibirían su sentencia;
y, después de cenar, de sobremesa
refirió a la alcaldesa
la queja que, pendiente
ante su tribunal, al día siguiente
debía sentenciarse,
con que pensaba lindamente holgarse.

La alcaldesa también quejosa estaba
del alcalde en el punto de que hablaba,
pues, aunque ella solía acariciarle
siempre que la golilla le ponía,
no lograba ablandarle
y aun golilla en la cama mantenía.

Por lo mismo, curiosa determina
escuchar de esta queja la sentencia
y al otro día se escondió en la audiencia,
muy temprano, detrás de una cortina.

Entró el alcalde; luego, el matrimonio;

y para dar de todo testimonio,
después, el escribano
con semblante infernal y pluma en mano.

Cuando la acusación oyó el marido,
de cólera encendido,
se volvió a su mujer y de esta suerte
la dice sofocado: —Es cosa fuerte
que pongas mi potencia en opiniones,
sabiendo bien que en todas ocasiones,
apenas en la cama estás metida,
cuando enristro y te pego mi embestida.

A que ella responde desdeñosa:

—¿Pues y qué? Y él siguió: —Pues a otra cosa:
¿negarás que también cuando amanece,
hora en que todo humano miembro crece,
contra tus partes gravemente juego
y el perejil con profusión te riego?

—¿Pues y qué? Y el marido proseguía,
viendo que a su mujer no convencía:

—¿Y acaso negarás que por las siestas,
a pesar del calor, te hago mil fiestas
y que el ataque entonces, aunque largo,
no abandono jamás si no descargo?

A que la mujer dice, haciendo un gesto:

—¿Pues y qué? Pero apenas dijo esto,

cuando de pronto se mostró en la sala
la alcaldesa diciendo: —¡Enhoramala
váyase la insolente de la audiencia
antes que se me apure la paciencia
y mande que la azoten como a Cristo!
¿Hay mayor desvergüenza? ¿Quién ha visto
con tal superchería
mujer de poluciones más avara?
Yo soy una alcaldesa y cada día
con solo un ¿pues y qué? me contentara.

El modo de hacer pontífices

Un joven arriscado
de una soltera estaba enamorado
y el tiempo que en su casa se podía
el dedo le metía
para saciar de amor su ardiente llama
sin que pierda su fama,
y ella, en tanto, la mano deslizando
por bajo de la capa,
que es quien urgencias semejantes tapa,
manejándole aquello, cariñosa,
le sacaba la blanca quisicosa.

A este entretenimiento
puso fin de la Iglesia el cumplimiento;
fue a confesar el joven, cabizbajo,
y contándole al fraile su trabajo,
en vano se disculpa
pues Su Paternidad dice que es culpa
su diversión muy grave,
y en tono de sermón dice que sabe
que el Espíritu Santo
maldice al hombre que con vicio tanto,
por su astuta malicia,
en la tierra su jugo desperdicia
cuando, bien empleado en cuerpo humano,
quizá produciría
un obispo o pontífice romano;
y que si le absolvía
era con condición de que volviese

pasada una semana
enmendado de culpa tan liviana
y que lo mismo hiciese
la cómplice infeliz de su delito.

Pasó el tiempo prescrito
y el penitente presentóse ufano.

—Padre —le dice—, ya, porque no en vano
en la tierra se vierta la simiente
al tiempo que a salir se precipita,
mi amada, diligente,
la ha recogido en esta redomita,
que traigo para que haga lo que quiera,
echándola a su gusto en cuerpo humano;
pero si mi elección forma le diera,
solo haría un pontífice romano.

Las gollerías[4]

Oye, Apolo, mi acento:
ven a inspirarme un cuento,
pues hace muchos días
quieres que en vano tu piedad aguarde
y tu fuego me infundes mal o tarde.

Parece que se apiada
con esta invocación, pues exaltada
por su influencia mi memoria siento
y empiezo a contar: En un convento
de padres capuchinos, halló un día
el guardián un billete que decía:
«Hermana Mariquita,
espéreme esta tarde peinadita,
lavadita y compuesta,
que iré y tendremos en la cama fiesta.»

Con este escandaloso contenido,
de rabia el reverendo poseído,
ordenó que a capítulo tocasen
y que en el refectorio se juntasen,
sin tardar un momento,
todos los gordos frailes del convento.

Obedecieron éstos, cabizbajos,
diciendo: —¿Qué apostólicos trabajos
nuestro padre guardián hoy nos previene,
pues tanta prisa en convocarnos tiene?

[4] Gollería: delicadeza excesiva.

Ya la comunidad estaba junta,
cuando el guardián, ceñudo, les pregunta:

—¿Quién es el fraile impío
que ha escrito este billete?
¡Miren su lujurioso desvarío!
Pues que castigarlo me compete,
digan, lo mando así, bajo obediencia,
quién es, para imponerle penitencia.

Enseguida leyó encolerizado
en voz alta el billete mencionado
y, oyendo su impiedad, los frailes todos
mostraron su rubor de varios modos:
cuál, con gestos horrendos,
la cita detestaba;
cual, con gritos tremendos,
«¿Es joven la hermanita?», preguntaba;
pero ninguno, en tanto, su delito
confesó como autor de tal escrito.

Por último, a las plantas se arrojaron
del grave superior y le rogaron
que no se publicara
tan infame papel, y deshonrara
a la comunidad, con desatinos
indecentes en frailes capuchinos.

—¡Ah!, no es el crimen —exclamó furioso
el padre guardián— lo que me irrita,
sino las circunstancias de la cita;

pues en un religioso
es la mayor de las bellaquerías
pedir de esa manera gollerías:
«Hermana Mariquita:
espéreme peinada y compuestita,
lavadita y....» ¡Jesús, yo me sofoco!
¡Todo a los frailes le parece poco:
pues yo soy el guardián, y la tomara
sin que se compusiera ni lavara!

El miedo de las tormentas

En todos tiempos hubo algún amante,
nota que solamente digo 'alguno',
que pudo ser tenido por constante;
pero en cuanto a ser fieles,
preciso es confesar que no hay ninguno.

Es desconsolador, triste, aflictivo,
mas si no se hace adrede con pinceles,
en todo el universo hallarás uno.

Se puede aconsejar el paliativo
de atarse los amantes uno al otro,
o usar aquel anillo del demonio
que usó Hans Carvel durante el matrimonio;
pero la asiduidad es siempre potro,
y el fastidio la sigue sin remedio;
elige, pues, entre uno y otro medio.

La historia con que voy a divertirte
te hará ver cómo debes conducirte.

En una casa rica y de linaje
servía una doncella,
y pues el consonante dice de ella
lo bella que era, referir no quiero
cuánta beldad celaba su ropaje;
mas no puedo dejarme en el tintero
decirte que tenía
un galán a quien tierna recibía

en su lecho, callada y diestramente;
y una noche que estaban olvidados
del mundo, con mil besos embriagados,
estalla una tormenta de repente,
horrísona, espantosa,
que aturde a la doncella temerosa:
da en pensar que los cielos encendidos
por sus pecados van a consumirla:
¿qué mucho que Isabel tanto temiera,
si era su edad de veinte no cumplidos
y a más era mujer, cual si dijera
devota y pecadora todo junto?

Un nuevo trueno acaba de aturdirla,
y huyendo de la cama sale al punto,
sin que el galán consiga disuadirla.

—¡Queda, queda con Dios, fatal amigo,
y no pretendas escapar conmigo,
que, huyendo de la culpa, ansiosa corro
a ocultarme en un sótano profundo!
¡Es Dios el que irritado
nos amenaza al ver nuestro pecado!

Y echó a correr, y el otro en un segundo
durmió como un cachorro.

Durmiendo viene el bien, dice un proverbio
del vecino francés; y así le vino
al susodicho abandonado amante
que, apenas el indino
un sueño saboreaba tan soberbio,

siente una mano suave... luego un brazo...
luego una pierna... un beso acariciante...

—¡Qué!, ¿duermes Isabel? —y un nuevo abrazo
acabó de incendiar al ex dormido.

Una niña de quince había caído
como del cielo, al lado del tunazo,
quien su suerte bendice
mientras la voz dulcísima le dice:

—¿Cómo desnuda, así, dime, te acuestas?
¿Qué tienes, Isabel, que no contestas?
¿Has perdido la voz? A ti, sin duda,
lo que a mí te sucede: que los truenos
miedo te han dado; ¿es cierto...? ¿Sigues muda?

—No, no, pero el temor... —dice en voz baja
la fingida Isabel—. Ya van a menos
los relámpagos; vuélvete de frente.
¡Jesús, qué trueno! ¡El cielo se desgaja!

Y esto diciendo, estrecha fuertemente
con los brazos al mozo, que la enlaza
con los suyos y el cuerpo al cuerpo anuda.

Cuán difícil, lector, en tal estado
sería de mujer tener la traza
ya tú lo consideras. —¡San Conrado!
—grita la niña—: ¡cómo!, ¿qué he tocado?
¿Eres monstruo, Isabel?, porque me acuerdo
que yendo con mi madre por el río

una tarde, vi en él una persona
con una cosa igual; ¡bien lo recuerdo!,
y al preguntarle..., a ti te lo confío,
que mucho me agradó considerarlo,
respondióme mi madre: «Gran simplona,
ese es un monstruo horrible; ni mirarlo
se puede». No creí que fuera tan mala
cosa que así la vista nos regala.
¿Serás monstruo también, amiga mía?

—¡Oh, no! —responde quedo el mozalbete—;
es el miedo que tengo. —¡Cómo! ¿El susto...?

—Sucede algunas veces. —No sabía...
¿Con que el miedo...? —Es capaz de cualquier cosa,
y al pobre a que acomete
hay vez que ha convertido en lobo o grulla,
en cuervo o raposa;
a mí me ha resultado aquí esta puya.

La inocente muchacha tragó el cuento;
mas el hado en aquel mismo momento
los truenos arreció con tal bramido
que la pobre, asustada, va a acogerse
a los brazos abiertos de la amiga
y, para más a gusto guarecerse,
una pierna por encima le ha subido...
Júntanse al fin barriga con barriga...
¿Qué harías tú, lector, en tal postura?
Lo que él: aprovechar la coyuntura.

—¿Dónde lo metes? —dice la inocente—;

¡qué singularidad!, ¡qué justo viene!
Parece que lo han hecho expresamente...

No pudo decir más; que tartamuda
la lengua da señal de lo que tiene
y la voz que perdió la deja muda.

Hace el amor su jugo tan a gusto
que redoblan los truenos los temores
y sucede un asalto a cada susto.

Empero, como al fin somos mortales,
el miedo se le acaba, o los ardores,
a la falsa Isabel. ¡Y es diferencia
que hay del hombre a los dioses inmortales:
que en aquél es muy corta la potencia,
y en estos, más felices, es eterna,
lo cual hace su dicha sempiterna!

—¡Cómo!, amada Isabel, ¿no tienes miedo?
No turban ya tus lánguidos sentidos
los truenos repetidos?
¡Ay, mi Dios! ¡Yo, por mí, parar no puedo!
¡Ten miedo, Isabelica! ¡Teme un poco!
¡Este trueno es atroz, nos pulveriza!

—No, amiga mía, no; todo es ya en vano:
ya no me atemoriza
el ruido de los truenos, ni tampoco
suena ya tanto; duerme, pues, querida,
que ésta ha sido una nube de verano.

La niña, resentida,
vuelve la espalda y quédase dormida;
el mozalbete, bien quisiera
imitar a la bella, de cansado
que estaba; mas ocúpale el cuidado
de escaparse, que así son los amantes:
¡tan prontos por marcharse a la carrera
cuanto para llegar lo fueron antes!

Tomó el trote por fin. La otra doncella,
dando gracias al cielo y a su estrella
porque en trance tan fuerte
escapó del peligro de la muerte,
tranquila ya, subió de su escondite
y, al par que el miedo pierde a la centella,
el acceso amoroso la repite.
¡Ignora la infeliz su mala suerte!

A su cama se vuelve con descoco
y, creyendo abrazar al ser querido,
en los brazos estrecha a la que ha poco
con él perdiera el himen y el sentido.

—¿Duermes —pregunta—, amor del alma mía?
¿Es posible que el miedo...? —¡El miedo, el miedo!
—exclama la novicia—, ¡oh, qué alegría!
¿Te ha vuelto? Deja, a ver si te lo toco.
Mas, ¡qué dolor! ¡Ay, Dios! ¡Si se está quedo!
Aunque busco, Isabel, no te lo encuentro;
¿será que se ha quedado todo dentro?

La infeliz Isabel luego adivina

el caso todo, y busca con su mano
la prueba material que tanto teme;
no le queda ya duda: el inhumano,
provisto de una buena culebrina,
entreabrióle el postigo medio geme.

El disgusto que tuvo la doncella
se deja concebir bien fácilmente;
y con qué saña y qué furor la bella
acusa de inconstante al pobre ausente,
sin pensar que la culpa estuvo en ella;
que el mismo San Pascual, aun siendo un santo,
en ocasión igual haría otro tanto.

Diálogo

Mandó a Madrid venir de la montaña
un mercader ricacho a su sobrino
para que se instruyese de la maña
con que era en el comercio ladrón fino.

Cuando llegó buscando la cucaña
el tal montanesillo a su destino,
tendría de catorce a quince años,
edad en que el amor hace mil daños.

A poco tiempo que en la corte estaba
el tío le mostró mucha tristeza,
y aunque el joven por libras engordara
era de mal humor; y con presteza
volverse a la montaña deseaba
sin catar de su tío la riqueza,
hasta que éste le dijo ya aburrido:

—Muchacho, ¿por qué estás tan abatido?

—Por nada. —Algo será: ¿dime, qué tienes?

—Pues señor, yo a la tierra volver quiero.

—¿Por qué con esa tontería vienes?

—Porque yo antes que yo soy el primero.

—¿Y eso qué significa? ¡Que!, ¿en mis bienes

no te doy parte? ¡Dilo, majadero!

—No es eso, lo primero solamente...

—Bruto, explícate pronto claramente.

—Pues yo, tío, estoy malo a lo que entiendo.

—¿Cómo, bribón? ¡Tan gordo y colorado!

—¡Ay, señor!, que la fuerza voy perdiendo.

—Pícaro, te habrás tú la enfermedad buscado.

—No es eso, ni el por qué yo le comprendo;
pero antes de que hubiese aquí llegado
con una mano el bicho me tenía,
y ahora le echo las dos y no hay tu tía.

Las penitencias calculadas

Va a consultar a un padre jubilado
un joven frailecito, ya aprobado
de confesor, y empieza el pobrecito.
diciendo: —Yo quisiera
que su paternidad modo me diera
de aplicar penitencias competentes
a toda calidad de penitentes,
porque a las veces se me ofrece el caso
de no saber salir, padre, del paso.

—No se aflija por eso: tome y lea,
que en este papel va lo que desea.

Toma, se inclina y parte presuroso
con muy grande alegría,
y, el manuscrito examinando ansioso,
encuentra que su título decía:
Lista de penitencias calculadas.

Acelerando entonces las pisadas,
a su confesionario llega ufano
sin dejar el cuaderno de la mano
y, según la tarifa, exactamente
va despachando todo penitente.

Un quidam llega en esto, y dice: —Padre,
yo tengo una comadre
alegre y juguetona de costumbre,
y, hallándose ayer sola,

el diablo, que no duerme, aplicó lumbre,
y por tres veces hice carambola.

El fraile, oyendo tal, baja la vista
y busca «Carambolas» en su lista,
y ve que manda: «Al par de carambolas,
pues no es lo general que vayan solas
y hacer dos es corriente y ordinario,
corresponde una parte de rosario».

Pierde entonces la flema
ante lo inesperado del problema:
siendo tres, una parte no le cabe;
dos, es mucho; y así, qué hacer no sabe,
hasta que, cavilando, determina
esta idea feliz y peregrina:

—Vaya —le dice— y busque a esa comadre,
y, que el hecho le cuadre o no le cuadre,
haga la cuarta carambola al punto;
y ya en casa, devoto y con sosiego,
por ésta y por las otras tres en junto,
dos partes de rosario rece luego.

Las bendiciones en aumento

I. La mujer satisfecha

Reñía una casada a su marido
porque no estaba bien favorecido
por la naturaleza,
y a gritos le decía:

—Fue grande picardía
que con tan chica pieza
pensaras casarte y engañarme,
puesto que no puedes contentarme;
marcha, marcha de casa,
pues tu fortuna escasa
te dio para marido solo el nombre
y eres en lo demás un pobre hombre.

En efecto, salióse despechado
el infeliz al campo, contristado,
y, a muy poco que anduvo,
el buen encuentro tuvo
de un mágico que al Sol leyendo estaba
y en su libro las furias invocaba.

Luego que vio al marido,
el mágico le dice: —Tú has venido,
amigo, a este paraje a remediarte,
y yo te espero para consolarte:
por mi ciencia sé bien lo que te pasa
y ahora mismo a tu casa

te volverás contento.
Toma: ponte al momento
en la derecha mano
este anillo, que tiene virtud rara,
pues todo miembro humano
bendecido con él, crece una vara
a cada bendición rápidamente:
pero, puesto en la izquierda, prontamente
mengua lo que ha crecido
por la mano derecha bendecido.

Al punto el hombre, lleno de impaciencia,
quiso hacer del anillo la experiencia:
le pone en su derecha, se bendice
la piltrafa infelice,
y se le ve aumentar de tal manera
que, si el mágico a un lado no se hiciera,
con él diese en el suelo;
tan rápido estirón dio aquel ciruelo.

Alegre, a su mujer volvió el marido
y le dice: —Ya vengo prevenido
para satisfacer tu ardiente llama:
ven conmigo a la cama,
pero encima de mí has de colocarte
para poder mejor regodearte.

Sobre él luego se pone
la mujer, y al ataque se dispone;
y, viéndola el marido bien montada,
echó la bendición premeditada...
y otra... y otras corriendo, de tal suerte

que, alzándola en el aire el miembro fuerte,
la moza en él elevada parecía
un esclavo que empalan en Turquía.

Viéndose contra el techo así ensartada,
pide al cielo favor. Entra asustada
la madre, y ante cuadro tan terrible
da un alarido horrible
diciendo: —¡Santa Bárbara bendita,
qué visión tan maldita!
¡Venga un hacha que esté bien afilada
para cortar garrocha de tal porte!

Mas la mujer repuso atragantada:

—¡No, madre! ¡Rompa el techo, mas no corte!

II. El caudal del obispo

Ya se acuerda el lector de aquel marido
que, por mágico anillo socorrido,
alzó en su miembro a su mujer al techo;
sepa también que, al cabo satisfecho
de su esposa y vengado,
en un medio dejó proporcionado
el lanzón monstruoso,
viviendo en adelante muy gustoso,
dándole aumento o merma en ocasiones
con derechas o zurdas bendiciones.

Un día, paseando alegremente,
llegó junto a una fuente

en donde, por azar, quiso lavarse
las manos, y en el agua refrescarse;
la sortija encantada
sacó del dedo y la dejó olvidada
allí, sin que cayera
en ello ni su falta conociera;
fuese, verificado su deseo;
y a muy poco el obispo de paseo
vino a la misma fuente deliciosa,
y, viendo una sortija tan preciosa,
con tal hallazgo ufano,
se la coloca en su derecha mano.

Al tiempo que a su coche se volvía,
un pasajero le hizo cortesía,
a que el obispo corresponde atento
con una bendición, y en el momento,
saltando el trampillón de sus calzones,
ve salir de sus lóbregos rincones
un mata-moscas, largo de una vara,
que igual entre mil frailes no se hallara.

Su Ilustrísima, al verlo, con el susto,
se empezó a santiguar como era justo;
pero, mientras más daba en santiguarse,
más veía aumentarse
por varas, a la vista
su lanzón, sin saber en qué consista.

Los pajes al obispo rodearon
y a sostener el peso le ayudaron
de aquella inmensa cosa,

encubriendo la mole prodigiosa
con todos sus manteos y sotanas;
pero estas diligencias eran vanas,
porque, apenas un nuevo pasajero
se quitaba el sombrero
viendo el obispo y él le bendecía,
cuando otra vara más se le crecía.

Por fin, cerca de la noche,
como mejor pudieron a su coche
llevan al Ilustrísimo afligido;
pero, para que fuese en él metido,
el cristal delantero le quitaron
y así la mitad fuera colocaron
de aquel feroz pepino
semejante a una viga de molino.

A oscuras, muy despacio,
al obispo llevaron a Palacio,
con trabajo pusiéronlo en el lecho
y de la alcoba abrieron en el techo
agujero por donde penetrara,
según su altura, aquella cosa rara.

La fama en breve lleva
de unos en otros la sensible nueva
del caudal que al obispo le ha crecido,
hasta que, sabedor de ella el marido
de la sortija dueño,
trató de recobrarla con empeño.

Para esto en el palacio de presenta,

y por seguro cuenta
menguar del Ilustrísimo el recado,
si un anillo le da que se ha encontrado.

Admitiendo el partido,
el obispo, gustoso, al buen marido
entrega la sortija, y él con tiento
en su siniestra mano en el momento
la pone, y bendiciendo a su prelado,
vio por varas el miembro rebajado.

No quedaba al paciente
ya más que aquel tamaño suficiente
con que desempeñara sus funciones;
pero viendo que a echar más bendiciones
se disponía el médico oficioso,
le ataja temeroso
diciéndole: —¡Por Dios, que se detenga,
y no otra nueva bendición prevenga,
que me pierde con ella si porfía!
¡¡Déjeme al menos lo que yo tenía!!

Los calzones de san francisco

A media noche, horrendos gritos daba
una casada, y confesión pedía
diciendo que a pedazos se moría
de un cólico que atroz la atormentaba.

Llamóse a un reverendo franciscano
que era su confesor... y de antemano
estaba prevenido
para ver de pegársela al marido
y gozar con la dama sus placeres;
que esto discurren frailes y mujeres.

Luego que con la ninfa se halló a solas,
se quitó el reverendo los calzones,
y, con el taco libre de prisiones,
la hizo, sin más ni más, tres carambolas,
y así que la purgó de sus pecados,
volvióse a su convento
dejando los calzones olvidados;
pero el olvido recordó al momento,
y el lance claramente
contó al portero y le dejó advertido
de una industria prudente
para evitar las iras del marido.

Entró luego en el cuarto de su esposa
el buen cornudo, y la primera cosa
que halló en el suelo fueron los calzones
adornados de sucios lamparones.

Cogiólos, conoció la picardía,
y rabioso se fue a la portería,
con intención formada
de dar al reverendo una estocada.

Llega, pues, y el portero y el paciente
formalizan el diálogo siguiente:

—Diga, hermano, qué cosa solicita.

—Que hablar se me permita
a fray Pedro, el guardián. —Ahora no puede.

—¿Por qué —¿Pues no sabéis lo que sucede
a la comunidad? —Todo lo ignoro.

—¡Hermano, que ha perdido su tesoro!

—¿Cuál era? —Una reliquia peregrina,
por la que hay en el coro disciplina.

—¿Cómo ha sido? —Esta noche la han llevado
para una enferma, y la han extraviado
no sé de qué manera.

—¿Y qué reliquia era
la que causa tan grandes aflicciones?

—¡Si eran de San Francisco los calzones!

—¡Esa patraña cuéntela a su abuela

el fraile motilón, que acá no cuela!
Yo traigo aquí guardados
unos calzones puercos, muy usados,
de un fraile picarón que, con vileza,
a mi honor ha jugado cierta pieza.

—¡Esos son! —el portero gritó ufano,
y se los quitó al punto de la mano,
diciéndole muy grave:

—¿Cómo en su mente cabe
tan injuriosa idea?
¿Pues acaso no sabe
que murió San Francisco de diarrea?

La peregrinación

Iba a Jerusalén, acompañada
de su esposo, una joven remilgada,
de carácter modoso, grave y serio,
y aparentando un santo beaterio.

Siempre que su marido la embestía
inmóvil en la acción se mantenía;
y él, pensando que en ella
duraba la vergüenza de doncella,
su pudor respetaba
al obrar, cada vez que la atacaba.

Su peregrinación y tiernos votos
iban ya a ver cumplidos los devotos,
cuando, antes de llegar al feliz puerto,
diez árabes les salen del desierto
y en el ancho camino
cogen al matrimonio peregrino.

Sin detención los dejan en pelota
y, viendo la beldad de la devota,
resuelven, sin oír sus peticiones,
en su esponja exprimir los compañones.

Atan luego al marido,
de vergüenza y de rabia poseído,
y panza arriba a la mujer recuestan
y alegres manifiestan
diez erguidos y gordos instrumentos

capaces de empreñar hembras a cientos:
vergajos que en el mundo no hay iguales
sino bajo los sayos monacales.

Miró nuestra heroína sin turbarse
el diezmo musulmán que iba a cobrarse,
y, al saciar del primero los deseos,
con hábiles y rápidos meneos
agitó sus caderas de tal suerte
que dejó hecho un guiñapo al varón fuerte.

Según su antigüedad y sus hazañas,
sobre ella, los demás, pruebas extrañas
de su vigor hicieron
y aún con más prontitud vencidos fueron.

Quedaba un musulmán de bigotazos
que quitaba los virgos a porrazos;
engendrador a roso y a velloso,
máximo atacador del sexo hermoso.

Aqueste, pues, embistió con la beata;
ella en sus movimientos se desata,
él se procura asir con fuerte mano
y la quiere cansar; pero fue en vano,
que al choque impetuoso
el árabe rijoso
se sintió vacilante y, reculando,
pierde su dirección; así luchando,
barriga con barriga,
puede más que el deleite la fatiga,
y la virilidad del moro bravo

vino a quedar en un moco de pavo.

Concluida de los árabes la empresa,
márchanse a toda priesa;
la beata se levanta y se sacude,
y a desatar a su marido acude
que, testigo infeliz de su trabajo,
estaba pensativo y cabizbajo.

Viéndole así la esposa,
le animó cariñosa,
diciéndole se aliente,
pues es de Dios milagro muy patente
el haber con las vidas escapado.

A lo cual él responde: —Ya he observado,
el milagro, lo han hecho tus meneos
que jamás han cedido a mis deseos,
porque siempre me decías: «Ahí lo tienes:
hazlo solo, y tú solo te condenes».

Y ella entonces repuso enfurecida:

—¡Está buena la queja, por mi vida!
Pues qué: ¿me he de mover por un cristiano
cual por un vil y réprobo africano?
No te hacía tan tonto.
¡A perra gente, despacharla pronto!

El panadizo

Un gordo capuchino confesaba
a una sierva de Dios que se quejaba
de un fiero panadizo que tenía
en un dedo ya mucho tiempo hacía,
el cual, negado al bálsamo y ungüento,
cada vez la causaba más tormento.

El fraile, de su mal compadecido,
le dijo: —Hermana, tengo por perdido
el tiempo que se aplica
a bregar con emplastos de botica,
pues sé por experiencia
que cuando se endurece una dolencia
el remedio mejor para curalla
es el tratar el modo de ablandalla
metiendo aquella parte dolorida
en paraje caliente;
métala, pues, hermana, por su vida,
para que el panadizo se reviente,
dentro del agujero
que de las ingles hallará frontero.

La devota, en el fraile confiada,
puso su dedo en cura; y agitada
por las muchas cosquillas que sentía
al tiempo que allí dentro le tenía,
tan incesantemente meneóse
que al cabo el panadizo reventóse.

Para mostrar su agradecido afeto,
le contó al capuchino el buen efeto
que su remedio había producido;
pero él le respondió muy afligido:

—Sea, hermana, para bien y norabuena;
mas sepa que yo sufro de igual pena,
pues tengo un panadizo pernicioso
en el miembro colgante y pegajoso
que no uso, Dios me guarde, en otros fines
que el de dar libre suelta a los orines,
y no encuentro, ¡ay de mí!, para ablandallo,
sitio donde metello y meneallo.

—Por eso, padre mío no se apure
—ella le dice—; pues, porque se cure,
a pesar del rubor, yo mi agujero
prestarle agradecida al punto quiero.

En efecto, a la cura que promete
la devota se pone, y luego mete
su dedo colosal el frailecico,
empujando y moviendo despacico,
y logra, al fin de operación tan seria,
que suelte el panadizo la materia.

Sacó su dedo sano y deshinchado
el fraile; y ella, al verle sosegado,
le dice ruborosa: —Padre mío,
perdone a mi malicia un desvarío,
mas debo confesarle francamente
que al tiempo de la cura antecedente

sospeché, por su ardor y movimiento,
que atropellaba el sexto mandamiento.

El fraile le responde: —¿Eso dudaba?
Acaso así es verdad como pensaba;
pero ello no le dé ningún cuidado,
que, haciéndolo conmigo, no es pecado.

No creyó la respuesta decisiva
la sierva del Señor; quedó suspensa,
viendo que su virtud madurativa
era tal vez ofensa
del precepto de Dios; dudó un instante;
tornósele el semblante
rojo como las flores del granado,
y dijo: —Padre, pues si no es pecado
y con ello su gusto satisfizo,
oiga: ¿cuándo tendrá otro panadizo?

El sueño

Vivían una vez, y va de cuento,
en un chico aposento
un pobre matrimonio con un niño,
fruto de su cariño,
y una niña graciosa,
que más que su hermanito era curiosa;
los cuales con sus padres en un lecho,
por no haber otra cama de provecho,
juntitos se acostaban
y a los pies abrigados reposaban.

Una noche el marido,
jugando al mete y saca, embebecido
con su mujer, de tal ardor se inflama
que entre los dos echaron de la cama,
sin saber lo que hacían,
al niño y a la niña que dormían.

Despertaron del golpe dando gritos
los tristes angelitos,
y el muchacho, llorando sin consuelo,
exclama: —¡Ay, padre mío!, ¿por qué al suelo
nos echa usted y madre a puntillones,
cuando cabemos bien en los colchones?

—Hombre —dijo su padre—, no he podido
libraros del porrazo, porque ha sido
sin saber lo que hacía:
con tu madre soñaba que reñía

y tuve grande empeño
en amansarla un poco con el sueño.

Dijo: y luego enfadado
por no haber el negocio consumado,
fue a recoger sus hijos; y al meterlos
en la cama queriendo componerlos,
la muchacha, abrazándole llorosa,
le tocó cierta cosa,
y preguntó con mucho desenfado:

—Padre, ¿qué es esto tieso que he tentado?

—Es la mano del niño, respondióle
el padre. Y la muchacha replicóle:

—No señor, que los dedos no le encuentro.

—Suelta: los tiene vueltos hacia dentro
porque el puño ha cerrado.

—¿Y a dónde, padre, se ha mojado?

—Niña, en la escupidera...
Duérmete y no seas bachillera.

Calló, atemorizada,
la chica; pero como escarmentada
estaba del dolor de la caída,
no se quedó dormida;
y sus padres, rijosos y encendidos,
creyendo que ya estaban bien dormidos

los chicos, la faena que dejaron
por su golpe, de nuevo comenzaron.

Sintiólo la muchacha y al chiquillo
despertándole dice: —Oye, Juanillo,
agarrate bien fuerte, que con madre
otra vez a soñar se ha puesto padre.

El matrimonio incauto

Un tejedor tenía
de poca edad dos niños inocentes
con los cuales dormía,
por ser tan corto en bienes de fortuna
que no había más cama ni más cuna.

Una noche de frío
se arrimó a la parienta su pariente
por gozar del estío,
pues a todo casado se permite
que cuando tenga frío se lo quite.

Empieza su tarea,
y tan a pechos tómala y tal brinca
y tal se bambolea,
que al sacudir los pie el burro en celo
da con los chiquitines en el suelo.

La madre, que lo nota,
de la cama se tira, aunque rendida
de volver la pelota,
y al levantar sus hijos adorados,
los encuentra a los dos descalabrados.

Póneles balsamina
y a la cama los vuelve cariñosa,
cada cual a su esquina,
diciéndoles que aquello ha sucedido
porque estaba su padre algo bebido.

Antes que amaneciera
sintió el amigo gana de más coles,
y la tal curandera
se entregó a los placeres reiterados,
sin echar cuenta en los descalabrados.

El niño mayorcito,
que notó de la cama el movimiento,
dijo al otro, quedito:

—¡Agárrate al colchón pronto, muchacho,
mira que vuelve padre a estar borracho!

La pulga

Una noche ardorosa,
después de haber cenado alguna cosa,
la joven Isabela,
en su lecho acostada,
del todo despojada,
trataba de entregarse al dulce sueño;
mas una infame pulga la desvela
picando con empeño
ya el reducido pie, ya la rodilla,
ya la rolliza y blanca pantorrilla.

La joven, impaciente,
echa inmediatamente
su linda mano a donde piensa hallarla,
y algo bueno daría por pillarla:
pero el bicho maldito,
si dársele un pito
cuanto más le persigue
más salta, y brinca, y sigue con su empeño;
hasta que Isabelilla, incomodada,
con la sangre encendida,
no pudiendo sufrir más la cuitada,
salta fuera del lecho enfurecida,
coge la luz, se pone patiabierta
y en medio de las piernas la coloca;
pero se vuelve loca
y con la infame pulga nunca acierta.

La ve muy veces, y otras tantas huye,

sobre ella pone el dedo, y se escabulle;
que de aquí para allá siempre saltando,
parece con la niña estar jugando.

Ésta, por eso mismo más airada,
jura la ha de pagar muy bien pagada,
y con tan gran ahínco la persigue
que, vaya adonde vaya, allí la sigue.

A fuerza de luchar, casi perdida
se halla al fin la insufrible picadora,
y por ver si se libra, va y se mete
en aquel lindo y virginal ojete
que tan dulces placeres atesora.

La niña, entonces, más sobrecogida,
más sofocada y con la sangre hirviendo,
también el albo dedo va metiendo
a ver si allí la encuentra:
y a medida que lo entra
y que hurga presurosa,
halla una sensación tan deliciosa
que a continuación la excita,
el dedo a toda prisa meneando
hasta que, blanca espuma derramando,
queda la pobrecita,
la boca medio abierta y fatigada
y los ojos en blanco y desmayada.

Como, a pesar de todo, no saliera
el bichillo infernal de su tronera,
desde entonces apenas pasa un día
que no lo busque con igual porfía.

Disculpa

Tiene su aprendizaje cada oficio,
y lo debe tener según mi juicio:
en la forma que el fraile de novicio,
cuando novio el casado,
son muchos los deberes de su estado.
¿No tiene aprendizaje el alfarero?
¿Valdrá menos un niño que un puchero?
No hay que aprender dirán: ¡Dios nos asista!
Dígalo tanto padre moralista.
La gran dificultad está en el modo;
hablo yo en general de la enseñanza.

Respecto a las mujeres, fuera chanza,
se ha de tener presente, sobre todo,
que deberá el maestro
virtuoso, libertino, zurdo, diestro,
amigo o enemigo,
dar todas sus lecciones sin testigo.
La experiencia está hecha,
más de lo que se quiere se aprovecha.
Escribiré al intento,
dedicado a las madres, cierto cuento.

Estaba un venerable religioso
con cierta señorita
proponiéndola a solas un esposo.
Ni escuchaba la madre, ¡qué bendita!
La historia cuenta que, con grande empeño,
caritativo el fraile y halagüeño

procuraba vencer la repugnancia
de la modesta niña. A tal instancia
al fin pronunció el sí mirando al suelo.

Con un modesto velo
la explica el padrecito el matrimonio,
Sánchez para con él era un bolonio.
¡Oh!, sabía muy bien su reverencia
que en el mundo confunden la inocencia
con la ignorancia crasa,
y que por eso pasa lo que pasa.

La modesta novicia
recibió con placer y sin malicia
la primera lección completamente.

La niña se aficiona,
cuando llegó a ponerla en un estado
a que nunca había llegado
el más sabio Doctor de la Sorbona.

Se ajusta, se apresura el casamiento.
Cásase la doncella en el momento,
y a los seis meses, breve,
hizo lo que las otras a los nueve.

El dios Scamandro

Cuentan que un orador célebre en Grecia,
mansión en otro tiempo soberana
de cuanta ciencia humana
el sabio mundo aprecia,
quiso las ruinas visitar de Troya:
Simón, su amigo, el pensamiento apoya,
que aunque no es anticuario,
antes por el contrario
tiene su sí es no es de tarambana,
le entró no poca gana
de ver tierra también; y suponía
que el sabio ha de buscar su compañía.

Parten los dos, y al término del viaje
llegaron sin trabajos e incidentes:
¡qué vista para el sabio! ¡Oh, fiero ultraje
de la edad y barbarie de las gentes!

Donde Ilión su altísimo homenaje
alzaba a las esferas esplendentes,
hoy hallaron tan solo pobre aldea,
que ni remota idea
da del gran pueblo antiguo desolado.

El sabio, en sus recuerdos embriagado:

—¡Cómo! —decía—, ¿ni el menor vestigio
veré de la ciudad, que fue prodigio
por mano de los dioses levantado;

y abatido también por las deidades,
pero cuyo prestigio
pudo sobrevivir a las edades?
—¿Dó están las torres que Héctor defendía?
¿Dó los campos, do Aquiles y Diomedes
mostraban generosa valentía?

Erudito lector, suponer puedes
que el que así se explicaba,
a la margen estaba
del Scamandro undoso;
río que entre sus ondas sanguinoso
arrastró rotos petos y celadas,
a cabezas calientes arrancadas.

Simón, que en antiguallas no repara,
y su imaginación tiene en reposo,
a otros objetos dedicarse ansiara,
propios de un hombre material y ocioso.

Llegó, pues, la ocasión. Fresca y sencilla,
con una linda cara
que hasta la misma envidia enamorara,
llegó del río a la yerbosa orilla
incauta jovencilla,
que en traje y compostura
parece una aldeana,
lo cual no perjudica a su hermosura:
al contrario, al viajante
más impresión le ha hecho, que si fuera
remilgada y enclenque ciudadana.

La hora terrible de la siesta era:
que en Asia hace calor sabe cualquiera;
que el calor importuno
excita las eróticas pasiones,
y aún las encienden más las ocasiones,
tampoco hay que explicárselo a ninguno.

Allí, no muy distante,
había entre el ramaje gruta oscura,
asilo cierto contra el Sol vibrante,
en donde la inocente criatura
las calurosas horas
quiso pasar, juzgándose segura.

Pero las seductoras
ondas, que limpias a sus pies pasaban
y a refrescarse en ellas convidaban,
el calor, la galbana,
de bañarse en la niña
excitaron la gana.

El viajero se esconde y escudriña
aquellas perfecciones,
que atizan el volcán de sus pasiones.
¿Qué hará? Si mete ruido
y espanta a la deidad, todo es perdido.

Mas de cómo rendirla, de repente,
después que meditó por breve rato,
van a suministrarle un expediente
las creencias del tiempo mentecato.
¿No gozó a Dánae, en oro convertido,

Júpiter atrevido?
¿No hay otros mil ejemplos
de dioses, venerados en los templos,
que tras una mortal ciegos corrieron
y madres las hicieron
de ilustres semideos,
que la tierra llenaron de trofeos?
Manos a la obra pues: no hay que aturdirse;
un dios de este jaez puede fingirse.

Toma entonces Simón los elevados
aires de un dios acuático, ciñendo
sus cabellos mojados
de césped y espadaña,
y toda su persona componiendo.

Luego con voz y entonación extraña,
al gran Mercurio invoca,
y a la deidad potente
a quien cuidar de los amantes toca.

La tímida muchacha que lo siente,
aunque sencilla ignora
del mancebo la astucia disoluta,
se atropella, se azora,
y huye a esconderse en la profunda gruta.

—Huyes del dios —le dice—, de este río:
ven, pues, Nereida, ven, y no te escondas;
que con ser dueño mío,
serás también la diosa de estas ondas.
Por ti la forma de hombre

me he gozado en tomar: nada te asombre.
Vuelve al río, dichoso
en gozar de ese cuerpo delicioso,
que aún más que su cristal puro es mi pecho.
Ven a dejar mi anhelo satisfecho;
y en pago estas riberas
esmaltaré de flores
que huellen esos pies encantadores;
y a ti y tus compañeras,
siempre que a ser mi esposa te resuelvas,
ninfas haré del río o de las selvas.

Nuestra joven, que estaba
con la cabeza llena de otras tales
hazañas de los dioses inmortales,
no dudó que era un dios el que la hablaba.

A ceder la deciden sin violencia
su halagüeña elocuencia,
su grato continente y rostro amable,
y, a decir la verdad, que es bien palpable,
un no sé qué de vanidad de moza
que en superar a las demás se goza:
flaqueza mujeril disimulable.

En sus senos umbrosos,
aquella gruta al Sol impenetrable,
teatro fue dulce de hurtos amorosos;
y él la dio al separarse la advertencia
de que a verle viniera con frecuencia,
mas que a nadie su suerte revelara
hasta que la ocasión se presentara,

conforme a su deseo,
de anunciar a los dioses su himeneo,
cuando el cónclave sacro se juntara.

Ella, ¡cosa bien rara!,
el secreto guardó con gran prudencia.
¡Qué mujer no se paga
de contar un secreto que la halaga!

Mas hagamos justicia a la heroína
de nuestra historia cierta:
siguiendo fiel la insinuación divina,
calló como una muerta;
y siempre que podía,
esto es menos extraño,
a la gruta venía
a verse con su dios, después del baño.

Mas cuando vino el frío,
cansado ya Simón de hacer de río,
poco a poco dejó la dulce gruta;
que el amor se fastidia si disfruta,
y veleidosos son, como traidores,
los dioses del Olimpo moradores.

La mísera insensata,
viéndose ya olvidada, triste y mustia,
sus facciones maltrata,
y a los cielos acude con angustia;
recorre con afán la selva hojosa,
parte a la cueva que la vio dichosa,
mil veces sale y entra,

y por más que se mueve a nadie encuentra.

Simón, que desde el punto
que dejó de ser dios le descontenta
esta tierra de Troya,
y tiene algún barrunto
de que puede salirle mal la cuenta
si llega a descubrirse la tramoya,
quisiera abandonar tales regiones;
mas entre tanto el sabio compañero,
emprendió excavaciones,
por comprobar las fábulas de Homero;
y héteme aquí con nuevas detenciones.

Mi hombre vivió encubierto,
como que su conciencia está intranquila:
mas ¿cómo no tener algún descuido
que en su contra aprovechen
ojos que amor celoso despabila?
Y así sucede: el diablo que es experto
y tiene gran placer en meter ruido,
cruzando él casualmente,
dispuso que se halle
a la esposa endiosada en una calle;
en la cual, de repente,
del pueblo se juntó la gente toda
a ver pasar una lujosa boda.

Héteme sin escape al pobre mozo:
ella desde el momento
que lo reconoció con alborozo
dijo, abiertos los brazos, y en su seno

echándose llorosa:

—¡Scamandro, mi dios! si sois tan bueno,
¿por qué dejasteis vuestra amante esposa?
La gente que escuchó a la desdichada,
luego soltó sonora carcajada;
pero cuando se entera
del vergonzoso caso,
al mal fingido dios del pueblo fuera
a palos arrojó más que de paso.

Él escapó: la incauta escarnecida,
en vista del engaño,
de cada lagrimal soltando un caño,
lloró toda su vida
ser juguete de un pillo,
cuando creyó con ánimo sencillo
que daba a un dios su mano y su persona.
¡Oh, vil superstición! ¿Y hay quien te abona?

El pastor enamorado

El joven Melibeo
guiaba su rebaño
por la frondosa orilla
de cierto río tortuoso y claro.

Al pie de una alta haya,
en el sombrío campo,
se sienta, y le rodea
paciendo mansamente su ganado.

En el cantar, maestro,
y en la zampoña, sabio,
sus versos pastoriles
entona diestramente acompañado.

Mirlos y ruiseñores
dulcemente, entretanto,
aumentan la armonía
que repiten los valles y collados.

Del agua hermosa y pura
la cabeza sacando
una ninfa le escucha
y vuelve a sumergirse de contado.

A las hondas cavernas
del cristalino caos
baja y a sus hermanas
llevó las nuevas del vecino prado.

Con un fuego lascivo,
diestramente nadando,
se acercan a la orilla
y muestran sus gargantas de alabastro.

La dulce melodía
la hermosura del campo,
los árboles frondosos
con la hierba y las vides enlazados.

De fresca sombra lleno
el suelo, en flores vario,
la suave fragancia
que esparce en la ribera el viento manso.

Todo esto que las ninfas
en silencio admiraron
las convida a que dejen
las claras ondas por el verde prado.

Y con un pie ligero,
más que la nieve blanco,
entre frondosas vides
a la agradable sombra se ocultaron.

Atentas escuchaban;
mas entonces, mudando
sus versos Melibeo,
de esta suerte prosigue con el canto:

—Ninfas que a la salida

del cristalino baño
mostráis la gentileza
de esos cuerpos desnudos y lozanos,
¿por qué entre verdes hojas
os ocultáis? ¿Acaso
teméis la competencia
de Nise, la hermosura de estos campos?

¡Ah, quién la viese ahora
libremente en el prado
marchar como una ninfa
sin saber que la viesen los humanos!

Veríais ya... ¡oh, qué rostro!
¡qué talle tan gallardo!
¡qué blancura de cuerpo!
no a vosotras, a Venus la comparo.

Entonces sus cabellos
flotantes y poblados,
por el cuerpo esparcidos
los pondría por velo su recato.

Entonces escondido
yo estaría aguardando
que el viento mansamente
corriese el velo de su pecho blanco.

Y entonces... ¿y si entonces
se arrojase al ganado
algún astuto lobo,
a Nise acudiría o al rebaño?

Responda Melibeo
al poeta, y en tanto
nadie entregue sus cabras
al pastor que estuviese enamorado.

La procuradora y el escribiente

De cierto procurador
se encontraba el escribiente
trasladando el borrador
de un pedimento algo urgente,
por orden de su señor.

Iba con mucha atención,
pero tiene el ama al lado,
y estaba en esta ocasión
tan templada que al citado
lo llenó de confusión.

Ya le daba con el codo,
ya soltaba una risita,
mas con tanta gracia y modo,
que, aunque el pobrete se irrita,
tiene que sufrirlo todo.

De este juego resultó
que echaba muchos borrones,
y por último exclamó:
—No dé usted más empujones.
Y ella en risa prorrumpió.

Conociendo el escribiente
a dónde se dirigía
su intento nada prudente,
la pluma con picardía
coge, y la dice impaciente:

—Si usted de esta raya pasa,
que yo señalo en el suelo
y sus límites traspasa,
aunque luego clame al cielo,
ya verá lo que la pasa.

Ella al punto la pasó,
y el escribiente malvado
lo que ofrecía cumplió,
y tomándola en sus brazos
en la cama la tendió.

Lo que allí los dos harían
ya se deja conocer,
pues quietos no estarían
ni dejarían perder
la ocasión que conseguían.

El procurador tenía
un chico de corta edad
que estuvo con picardía
mirando con seriedad
cuanto el escribiente hacía.

Vino su padre a comer
y fue inadvertidamente
en la raya el pie a poner,
y el muchacho, cuerdamente,
sus pasos fue a detener.

—No pase usted adelante,

le dice, porque a mi mama
por un paso semejante
el escribiente a la cama
se la llevó muy galante.

El procurador estuvo
suspenso por algún rato,
y, aunque algo remiso anduvo,
por evitar un mal trato,
de pasarla se contuvo.

La vieja y el gato

Tenía cierta vieja de costumbre,
al meterse en la cama,
arrimarse en cuclillas a la lumbre,
en camisa, las manos a la llama.
En este breve rato,
le hacía un manso gato
dos mil caricias tiernas:
pasaba y repasaba entre sus piernas.
Y como en tales casos la enarbola,
tocaba en cierta parte con la cola.
Y la vieja cuitada
muy contenta decía: —Peor es nada.

El avaro y su mujer

Un avariento casado
a su mujer le decía:
—Tú me cuestas cada día
un doblón, ¡caro bocado!
Cada mes te he visitado
dos veces: en conclusión,
cada vez a la razón
de tres onzas.
—¡Lindo chiste!,
dice ella. ¿Y en qué consiste
que yo te salga a doblón?

La vergüenza

En casa de un labrador
vivían Blas y Lorenza;
se profesaban amor,
pero él tenía vergüenza
y ella tenía rubor.

A la aurora en el corral
se encontraron en camisa.
El encuentro fue casual;
cubriose ella a toda prisa
la cosa con el pañal.

Turbado Blas desde luego
se remanga el camisón,
y de vergüenza hecho un fuego
tápase con el faldón
y como ella queda ciego.

Al huir tropieza Blas
con la cuitada Lorenza,
y... ¡válgate Barrabás!
Yo también tengo vergüenza;
o me atrevo a contar más.

Las hijas del pobre

Tenía cierto pobre vergonzante
una alforja detrás, otra delante,
y colocaba con cuidado en ellas
a dos hijas muy bellas,
que muchos para mover los corazones
suelen valerse de tales aprensiones,
o por mejor guardallas o escondellas.
Le preguntó un curioso: —¿Son doncellas?
A lo que respondió como hombre ya maduro:
—Por la que va delante lo aseguro,
porque siempre a la vista yo la llevo;
por la que va detrás, yo no me atrevo.

La mercadera y el tuno

En un día muy festivo
estaba una mercadera
entada en silla poltrona
a la puerta de su tienda.
Su postura era chocante
porque tenía ambas piernas
demasiado separadas,
y así con razón se lleva
la atención de los que pasan.
Entre todos uno llega
que le dice: —Señorita,
cierre usté luego la puerta,
que hoy no se puede vender
porque es de precepto fiesta.
Conociendo la tal dama
dónde el dicho se endereza,
porque era bien advertida,
respondió: —Señor Babieca,
usted no sea ignorante,
y para adelante sepa
que estos postigos se abren
tan solo para las fiestas.
Y el tunante la replica:
—Si eso es lo que usté desea,
avise y se las haré
de la suerte que las quiera.

La confesión

Confesándose un soldado
dijo muy arrepentido:
—Acúsome que he jodido
un barril de bacalao.
El fraile, muy admirado,
le preguntó: —¿Cómo ha sido?
—Porque el barril he robado,
en la plaza le he vendido,
del dinero que me han dado
varias veces he jodido,
aunque no con gran exceso.
—Toma, toma, dijo el padre,
según eso,
si se ajustan cuentas mías,
también habré yo jodido
más de cuatrocientas misas.

El brocal

El pozo de los padres trinitarios
tuvo brocales varios:
ya de mampostería,
ya de piedra de buena sillería,
en fin de berroqueño le pusieron,
el último que eterno ellos creyeron;
pero tal faena de sacar agua
en el convento había,
que al año ya tenía
el brocal una brecha grande y buena.
—¡Virgen!, el superior
dijo al saberlo,
que no sé ya de qué materia hacerlo
para que no se roce o desmorone.
Llamar al albañil en el momento
a ver de qué dispone
se haga el brocal al pozo del convento.
El albañil llamado
al punto fue enterado,
y dijo: —Aquí lo que conviene
es hacer un brocal como el que
tiene mi mujer,
que ha veinte años cabalmente
que echo por él la soga de frecuente
con dos cubos que al par le han golpeado,
y ni una pizca se ha desmoronado.

El sombrerero

A los pies de un devoto franciscano
se postró un penitente.
—Oiga, hermano,
¿qué oficio tiene?
—Padre, sombrerero.
—¿Y qué estado?
—Soltero.
—¿Y cuál es su pecado dominante?
—Visitar una moza.
—¿Con frecuencia?
—Padre mío, bastante,
sin poderme curar de esta dolencia.
—¿Cada mes?
—Mucho más.
—¿Cada semana?
—Aún todavía más.
—Ya... ¿cotidiana?
—Hago dos mil propósitos sinceros,
pero...
—Explíquese, hermano, claramente,
¿dos veces cada día?
—Justamente.
—Pues, ¿cuándo diablos hace los sombreros?

La campanilla

Preguntó en el Paular un forastero
el uso de una grande campanilla
que veía en el claustro; y el portero
le respondió: —El oírla es maravilla,
porque solo se toca cuando fiero
el tentador carnal los frailes pilla.
A que el curioso replicó guiñando:
—Pues, padre, estará siempre repicando.

La pulga

Una noche ardorosa,
después de haber cenado alguna cosa,
la joven Isabela
en su lecho acostada
del todo despojada
trataba de entregarse al dulce sueño.
Mas una infame pulga la desvela
picando con empeño
ya el reducido pie, ya la rodilla,
ya la rolliza y blanca pantorrilla.
La joven, impaciente,
echa inmediatamente
su linda mano a donde piensa hallarla,
y algo bueno daría por pillarla;
pero el bicho maldito,
sin dársele ni un pito,
cuanto más le persigue
más salta, y brinca, y sigue con su empeño;
hasta que Isabelilla, incomodada,
con la sangre encendida,
no pudiendo sufrir más la cuitada,
salta fuera del lecho enfurecida,
coge la luz, se pone patiabierta
y en medio de las piernas la coloca;
pero se vuelve loca
y con la infame pulga nunca acierta.
La ve mil veces, otras tantas huye;
sobre ella pone el dedo, y se escabulle;
que de aquí para allá siempre saltando,

parece con la niña estar jugando.
Ésta, por eso mismo más airada,
jura la ha de pagar muy bien pagada,
y con tan gran ahínco la persigue
que, vaya a donde vaya, allá la sigue.
A fuerza de luchar, casi perdida
se halla al fin la insufrible picadora,
y por ver si se libra, va y se mete
en aquel lindo y virginal ojete,
que tan dulces placeres atesora.
La niña, entonces, más sobrecogida,
más sofocada y con la sangre hirviendo,
también el albo dedo va metiendo
a ver si allí la encuentra;
y a medida que lo entra
y que hurga presurosa,
halla una sensación tan deliciosa
que a continuar la excita,
el dedo a toda prisa meneando
hasta que, blanca espuma derramando,
queda la pobrecita,
la boca medio abierta y fatigada
y los ojos en blanco y desmayada.
Como, a pesar de todo, no saliera
el bichillo infernal de su tronera,
desde entonces apenas pasa el día
que no le busque con igual porfía.

El miedo de las tormentas

En todos los tiempos hubo algún amante
(nota que solamente digo «alguno»)
que pudo ser tenido por constante;
pero en cuanto a ser fieles,
preciso es confesar que no hay ninguno.
Es desconsolador, triste, aflictivo,
mas si no se hace adrede con pinceles
en todo el universo hallarás uno.
Se puede aconsejar el paliativo
de atarse los amantes uno al otro,
o usar aquel anillo del demonio
que usó Carvel durante el matrimonio;
pero la asiduidad es siempre un potro,
y el fastidio la sigue sin remedio.
Elige, pues, entre uno y otro medio.
La historia con que voy a divertirte
te hará ver cómo debes conducirte.
En una casa rica y de linaje
servía una doncella
y, pues ya el consonante dice ella
lo bella que era, referir no quiero
cuánta beldad celaba su ropaje;
mas no puedo dejarme en el tintero
decirte que tenía
un galán a quien tierna recibía
en su lecho, callada y diestramente;
y una noche que estaban olvidados
del mundo, con mil besos embriagados,
estalla una tormenta de repente,

horrísona, espantosa,
que aturde a la doncella temerosa;
da en pensar que los cielos encendidos
por sus pecados van a consumirla.
¿Qué mucho que Isabel tanto temiera,
si era su edad de veinte no cumplidos
y a más era mujer, cual si dijera
devota y pecadora todo junto?
Un nuevo trueno acaba de aturdirla,
y huyendo de la cama sale al punto
sin que el galán consiga disuadirla.
—¡Queda, queda con Dios, fatal amigo,
y no pretendas escapar conmigo,
que, huyendo de la culpa, ansiosa corro
a ocultarme en un sótano profundo!
¡Es Dios el que irritado
os amenaza al ver nuestro pecado!
Y echó a correr, y el otro en un segundo
durmió como un cachorro.
Durmiendo viene el bien, dice el proverbio
del vecino francés; y así le vino
al susodicho abandonado amante,
que, apenas el indino
un sueño saboreaba tan soberbio,
siente una mano suave... luego un brazo...
luego una pierna... un beso acariciante...
—¡Qué!, ¿duermes, Isabel? Y un nuevo abrazo
acabó de incendiar al ex dormido.
Una niña de quince había caído
como del cielo, al lado del tunazo,
quien su suerte bendice,
mientras con voz dulcísima le dice:

—¿Cómo desnuda así, dime, te acuestas?
¿Qué tienes, Isabel, que no contestas?
¿Has perdido la voz? A ti, sin duda,
lo que a mí te sucede: que los truenos
miedo te han dado, ¿es cierto?... ¿sigues muda?
—No, no, pero el temor..., dice en voz baja
la fingida Isabel. —Ya van a menos
los relámpagos, vuélvete de frente.
¡Jesús, qué trueno! ¡El cielo se desgaja!
Y esto diciendo estrecha fuertemente
con los brazos al mozo, que la enlaza
con los suyos y el cuerpo al cuerpo anuda.
Cuán difícil, lector, en tal estado
sería de mujer tener la traza,
ya tú lo consideras. —¡San Conrado!,
grita la niña, ¡cómo!, ¿qué he tocado?
¿Eres monstruo, Isabel?, porque me acuerdo
que yendo con mi madre por el río
una tarde, vi en él una persona
con una cosa igual, ¡bien lo recuerdo!,
y al preguntarle... (a ti te lo confío
que mucho me agradó considerarlo),
respondiome mi madre: «Gran simplona,
ése es un monstruo horrible; ni mirarlo
se puede». No creí fuera tan mala
cosa que así la vista nos regala.
¿Serás monstruo también, amiga mía?
—¡Oh, no!, responde quedo el mozalbete,
es el miedo que tengo.
—¡Cómo! ¿El susto...?
—Sucede algunas veces.
—No sabía...

¿Conque el miedo...?
—Es capaz de cualquier cosa,
y al pobre a que acomete
hay vez que ha convertido en lobo o grulla,
en cuervo o en raposa;
a mí me ha resultado aquí esta puya.
La inocente muchacha tragó el cuento;
mas el hado en aquél mismo momento
los truenos arreció con tal bramido
que la pobre, asustada, va a acogerse
a los brazos abiertos de la amiga
y, para más a gusto guarecerse,
una pierna por cima le ha subido...
Júntanse, al fin, barriga con barriga...
¿Qué harías tú, lector, en tal postura?
Lo que él: aprovechar la coyuntura.
—¿Dónde lo metes?, dice la inocente;
¡qué singularidad!, ¡qué justo viene!
Parece que lo han hecho expresamente...
No pudo decir más; que tartamuda
la lengua da señal de lo que tiene
y la voz que perdió la deja muda.
Hace el amor su juego tan a gusto
que redoblan los truenos los temores
y sucede un asalto a cada susto.
Empero, como al fin somos mortales,
el miedo se le acaba (o los ardores)
a la falsa Isabel. ¡Y es diferencia
que hay del hombre a los dioses inmortales:
que en aquél es muy corta la potencia
y en éstos, más felices, es eterna,
lo cual hace su dicha sempiterna!

—¡Cómo!, amada Isabel, ¿no tienes miedo?,
¿no turban ya tus lánguidos sentidos
los truenos repetidos?
¡Ay, mi Dios!, ¡yo, por mí, parar no puedo!,
¡ten miedo, Isabelica!, ¡teme un poco!,
¡este trueno es atroz, nos pulveriza!
—No, amiga mía, no; todo es ya en vano:
ya no me atemoriza
el ruido de los truenos, ni tampoco
suena ya tanto; duerme, pues, querida,
que ésta ha sido una nube de verano.
La niña, resentida,
vuelve la espalda y quédase dormida;
el mozalbete, en tanto, bien quisiera
imitar a la bella, de cansado
que estaba; mas ocúpale el cuidado
de escaparse, que así son los amantes:
¡tan prontos por marcharse a la carrera
cuanto para llegar lo fueron antes!
Tomó el trote por fin. La otra doncella,
dando gracias al cielo y a su estrella
porque en trance tan fuerte
escapó del peligro de la muerte,
tranquila ya, subió de su escondite
y, al par que el miedo pierde a la centella,
el acceso amoroso la repite.
¡Ignora la infeliz su mala suerte!
A su cama se vuelve con descoco
y, creyendo abrazar al ser querido,
en los brazos estrecha a la que ha poco
con él perdiera el himen y el sentido.
—¿Duermes, pregunta, amor del alma mía?

¿Es posible que el miedo...?
—¡El miedo, el miedo!,
exclama la novicia, ¡oh, qué alegría!
¿Te ha vuelto? Deja, a ver si te lo toco.
Mas, ¡qué dolor! ¡Ay, Dios! ¡Si se está quedo!
Aunque busco, Isabel no te lo encuentro;
¿será que se ha quedado todo dentro?
La infeliz Isabel luego adivina
el caso todo, y busca con su mano
la prueba material que tanto teme;
o le queda ya duda: el inhumano,
provisto de una buena culebrina,
entreabriole al postigo medio jeme.
El disgusto que tuvo la doncella
se deja concebir bien fácilmente;
y con qué saña y qué furor la bella
acusa de inconstante al pobre ausente,
sin pensar que la culpa estuvo en ella;
que el mismo san Pascual, aun siendo un santo,
en ocasión igual haría otro tanto.

Las beatas

Madre e hija con su manto
devotas al templo vienen,
no eran aquellas que tienen
devoción con algún santo.
La madre al divino canto
atiende, y cuando el tenor
computas dijo al cantar
exclamó: —Mi dicha es fija,
mira que nos llaman, hija,
vamos al altar mayor.

El inquisidor y la supuesta hechicera

A un viejo inquisidor es presentada
una hermosa mujer, que de hechicera,
sin más motivo que la envidia fiera,
ante su tribunal fue delatada.

Al tenor de los cargos preguntada,
los niega todos. Mas con voz severa
la comprimía el juez de tal manera
que la infeliz mujer, ya sofocada:

—Ilustrísimo, dice, esto es lo fijo;
yo de hechizos, señor, entiendo nada,
éste es solo el hechizo que colijo,

dice, y alza las faldas irritada.
Monta él las gafas, y al mirarlo dijo:
—¡Hola, hola!, ¡pues no me desagrada!

El abad y el monje

Reprendía un abad a un perezoso
monje que a los maitines no asistía,
y con ásperas voces le decía:
—¿Qué efecto, hermano, tan escandaloso

producirá en cualquiera religioso
su negligencia? Copie lo que hacía
todo un rey, un David. ¡Con qué alegría,
con qué afecto tan tierno y fervoroso

a medianoche el lecho abandonaba
para orar al Señor!
—Sí, bueno, bravo;
no hay diferencia, el monje replicaba.

—¿Y cuál?, ninguna. ¡La pregunta alabo!
¿Cuál?, que David volvía y se encontraba
con Micol, yo me encuentro con mi nabo.

La gallega

Casó Maruxa, gruesa gallegota
de luenga agitanada catadura,
con Domingo Chaveila, tal ventura
se celebró con zambra y con chacota.

Hubo gaita, garrote, danza y bota
que festejó la posesión futura
y ella, caliente, finge una apretura
para irse a la cama sin dar nota.

Despídese la turba lastimada,
y ella, sus atavíos deponiendo,
toda la cama ocupa esparrancada.

Él la dice: —Muller, eu non intiendo
donde acostarme.
—¿Non?, dice agitada,
pues ella propio sellu está diciendo.

El pastor enamorado

El joven Melibeo
guiaba su rebaño
por la frondosa orilla
de cierto río tortuoso y claro.
Al pie de una alta haya,
en el sombrío campo,
se sienta, y le rodea
paciendo mansamente su ganado.
En el cantar, maestro,
y en la zampoña, sabio,
sus versos pastoriles
entona diestramente acompañado.
Mirlos y ruiseñores
dulcemente, entretanto,
aumentan la armonía
que repiten los valles y collados.
Del agua hermosa y pura
la cabeza sacando,
una ninfa le escucha
y vuelve a sumergirse de contado.
A las hondas cavernas
del cristalino caos
baja y a sus hermanas
llevó las nuevas del vecino prado.
Con un fuego lascivo,
diestramente nadando,
se acercan a la orilla
y muestran sus gargantas de alabastro.
La dulce melodía,

la hermosura del campo,
los árboles frondosos
con la hierba y las vides enlazados.
De fresca sombra lleno
el suelo, en flores vario,
la suave fragancia
que esparce en la ribera el viento manso.
Todo esto que las ninfas
en silencio admiraron
las convida a que dejen
las claras ondas por el verde prado.
Y con un pie ligero,
más que la nieve blanco,
entre frondosas vides
a la agradable sombra se ocultaron.
Atentas escuchaban;
mas entonces, mudando
sus versos Melibeo,
de esta suerte prosigue con el canto:
—Ninfas que a la salida
del cristalino baño
mostráis la gentileza
de esos cuerpos desnudos y lozanos,
¿por qué entre verdes hojas
os ocultáis? ¿Acaso
teméis la competencia
de Nise, la hermosura de estos campos?
¡Ah, quién la viese ahora
libremente en el prado
marchar como una ninfa
sin saber que la viesen los humanos!
Veríais ya, ¡oh, qué rostro!,

¡qué talle tan gallardo!,
¡qué blancura de cuerpo!,
no a vosotros, a Venus la comparo.
Entonces sus cabellos
flotantes y poblados,
por el cuerpo esparcidos
los pondría por velo su recato.
Entonces escondido
yo estaría aguardando
que el viento mansamente
corriese el velo de su pecho blanco.
Y entonces... ¿y si entonces
se arrojase al ganado
algún astuto lobo
a Nise acudiría o al rebaño?
Responda Melibeo
al poeta, y en tanto
nadie entregue sus cabras
al pastor que estuviese enamorado.

El fraile y la monja

Hallándose cortejando
cierto fraile a una monjita,
mientras que la requebraba
le enseñaba su pi...
su pipa con que fumaba.

La monja, como era lega
y profesaba al otoño,
rabiaba por darle entrada
y le enseñaba su co...
su copo con que ella hilaba.

El fraile, como enojado,
la dijo con disimulo:
—No fuera malito, hermana,
soplárselo junto al cu...
al cubo que saca el agua.

La monja, como agraviada,
le dijo sin agasajo:
—Váyase el fraile a la mierda
que le cortase el cara...
el caracolito que rabia.

El cura y el muchacho

En la crítica ocasión
de estar ayudando a misa,
le dio un terrible apretón
a un muchacho con tal prisa
que le puso en confusión.

Volvió el pobrete la cara,
y a otro rogó tiernamente
que su lugar ocupara,
y que en lance tan urgente
aquella misa ayudara.

—Es el diantre que no sé,
dijo el otro.
—No hay cuidado,
de eso nada se te dé;
quédate aquí arrodillado,
que yo al punto volveré.

Marchó, pues, y en tanto el cura
dominus vobiscum dijo;
y la pobre criatura
le miró con rostro fijo,
quedando inmóvil figura.

El cura llegó a pensar
que el chico no le había oído;
repitió y volvió a mirar,
y él le respondió afligido:

—Ya viene, que ha ido a cagar.

Antonio y Pepa

Si yo he de quererte bien,
vamos a hacer por aquí
aquello que te pedí,
si no se acaba el Belén.

Antonio con Pepa hablaba
en su jardín cierto día,
y una cosa le pedía
que Cupido la mandaba;
pero ella se la negaba
con rubor, susto y desdén,
y, usando de amor el tren,
le dijo con loco exceso:
—Antonio, no me hables de eso,
si yo he de quererte bien.

Instó Antonio en la gustosa
petición que Amor dictaba,
y ella un sí y un no le daba
entre risueña y llorosa;
mas, asustada y medrosa,
le dice: —Gente sentí,
huyamos pronto de aquí.
Y él, aliviando su fe,
le dice: —Nadie nos ve,
vamos a hacer por aquí.

Mas viéndola titubear,
de la mano la tomó,

y entre si consiente o no
se fue dejando llevar,
—Que acomodado lugar,
dice él, tenemos allí;
vente, pues, detrás de mí;
dime Pepa ¿puede haber
otro mejor para hacer
aquello que te pedí?

En el enredo amoroso
por fin la Pepa cayó,
y aunque infinito lloró,
Antonio se hizo dichoso.
Depuesto ya el ceño honroso,
halagüeña y sin desdén,
le dice: —Antonio, mi bien,
desde hoy serás mi embeleso;
vamos otra vez a eso,
si no se acaba el Belén.

Soneto de Manuel

Ardiente una muchacha el otro día,
en tanto que su madre en misa estaba,
llena de miedo y turbación dudaba
si a su amante Manuel se lo daría.

Temiendo si preñada quedaría,
entre darlo y no darlo vacilaba,
y el valiente mozuelo la animaba
diciendo que al venir lo sacaría.

Fueron tan poderosos los ataques,
que consiguió, por fin, verla en el suelo,
y dijo al derramar de los zulaques:

—Qué suave es la sustancia del ciruelo;
por tu vida, Manuel, no me la saques,
y más que llegue la barriga al cielo.

Soneto a Nice

No te quejes, oh Nice, de tu estado
porque te llamen puta a boca llena,
pues puta ha sido mucha gente buena
y millones de putas han reinado.

Dido fue puta de un audaz soldado,
a ser puta Cleopatra se condena,
y el nombre lucrecial, que tanto suena,
no es tan honesto como se ha pensado.

Esa de Rusia emperatriz famosa
que fue de los carajos centinela,
entre más de dos mil murió orgullosa;

y pues ya lo dan todas sin cautela,
haz tú lo mismo, Nice vergonzosa,
que esto de honra y virgo es bagatela.

La melindrosa

Señor don Juan, quedito, que me enfado.
¿Besar la cara?, es mucho atrevimiento.
¿Abrazos?, ¡ay, Jesús!, no lo consiento.
¿Cosquillas?, no las hay por ese lado.

¿Remangarme?, ¡ay, Juanito!, ¿y el pecado?
¡Qué malos sois los hombres!... pasos siento.
¿No es nadie? Pues, bien, vaya en un momento;
mas ¡cuidado! no venga algún criado.

¡Jesús, qué loca soy! ¡Quién lo diría
que con un hombre yo...! ¿Cómo cristiana?,
que ya de puro gusto... ¡ay, alma mía!

¡Traidor, déjame, vete...!, ¿aún tienes gana?
Pues cuando tú lo logres otro día...
pero, Juanito, ¿volverás mañana?

La semana

El lunes me encontré a Juana
y por ventura, aquel día
para estar una semana
se fue a casa de su tía.
Díjele: —Salada mía,
yo de irte a ver tengo gana.
—¡Ay, señor!, ¿qué se diría?
Pero... venga usted mañana.

Martes al amanecer
voy donde amor me convida,
píntola mi padecer,
dígola: —¡Mi bien, mi vida,
yo te adoro, yo estoy loco!
¿No me respondes, tirana?
—Caballero poco a poco,
eso se verá mañana.

Miércoles fue para mí
el más venturoso día,
Juana con un tierno sí
confesó que me quería:
—Dame esa guirnalda en prenda,
que tu fe no será vana.
—No señor, mas no se ofenda
yo se la daré mañana.

El jueves de mirto y rosa
el nuevo ramo prepara

y aún permitió cariñosa
que en su pelo reposara.
—¡Ay, Dios!, sufre que tu mano
temple el ardor que me afana.
—Para mano aún es temprano,
ya se la daré mañana.

El viernes su mano bella
entre las mías estrecho;
mas como amor atropella,
aún no quedo satisfecho.
—Juana, la dije, yo muero
si un beso mi mal no sana.
—¿Un beso?, tanto no quiero,
quédese para mañana.

El sábado amor me guía
a la dicha que me toca,
lo que prometido había
a mi apetito provoca.
Del labio al seno de nieve
amor la senda me allana,
cuando... ¡hola!, ¿cómo se atreve?
Eso se verá mañana.

El domingo, enardecido,
iba yo Dios sabe dónde,
esto y aquello le pido,
mas la pícara responde:
—Que durante la semana
se trabaje es linda cosa;
pero en la Iglesia romana,
el domingo se reposa.

Dora y Dido

Casóse Dora la bella
con Dido, y Dido intentó,
la noche que se casó,
hacerle un hijo, hijo de ella.

Como pasó mala noche
aquella en que fue casada,
se levantó al otro día
con toda la cara ajada.

Desde que le vio su padre
con el semblante perdido,
enojado le pregunta:
—¿Quién te ha casado, hijo Dido?

Un hijo piden a Dora
los de su casa cantando,
y Dido le dice a Dora:
—¿Hijo piden?, hijo damos.

Para pan y para aceite
a Dora y Dido pidieron,
y fueron tan liberales
que con gran despejo dieron.

Coplas del pájaro

El pajarito, madre,
después que me picó,
me ha dejado burlada.
¡Ay de mí, qué dolor!,
el pájaro ya voló.

El pájaro era blanco,
travieso y juguetón,
de pluma crespa y negra,
con pico de arrebol.

Estando yo solita
en mi cuarto se entró,
y mil dulces tonadas
al punto me cantó.

En ellas me decía
con grandísimo ardor,
que si le acariciaba
me mostraría amor.

Acogile en mi falda,
mil besos le di yo,
pero el pícaro luego
a mi frente saltó.

De allí se fue a los ojos,
a la nariz pasó,
besando las mejillas

en mi pecho posó.

¡Cuántas blancas caricias
en él me prodigó,
volando y revolando
por todo alrededor!

Cada vez más travieso,
los labios me besó,
y la punta del pico
en ellos me metió.

¡Ay, cuánto forcejeaba
el pícaro bribón
por encajarle todo,
mas le dije eso no!

Él era porfiado,
blando mi corazón,
y tantos sus halagos
que por fin le metió.

Pero no solo el pico,
también el cuerpo entró
menos las alas, y eso
porque muy gordas son.

Quintillas

De las entrañas de un roble
salió una dama modorra;
quiso estirarme la po-bre
una pluma de mi gorra
para vestirse de hombre.

En mi enfermedad interna
no sé qué remedio elija;
tengo tan larga la pi-erna
que me maltrata prolija
si el tiempo no lo remedia.

Fui a verla el otro día,
se estaba peinando el moño;
me convidó con su co-che
para pasar a Logroño,
a dormir aquella noche.

Con tu cintura delgada
tú pasas fuertes trabajos,
pues te hartas de cara-coles,
y si los guisas con ajos
te han de salir los colores.

Ahí os entrego a millares
mis camisas y calzones,
también mi par de co-llares
para que en admiraciones
adornen vuestros altares.

Pasé a verla de mañana
y estaba matando un sapo;
me puse a mirar su pa-dre,
que limpiaba con un trapo
su carita de vinagre.

Los amantes de violón
que violaron vuestras hijas
mandan les corten las pi-ernas
porque no sean prolijas
y las echen a un rincón.

Yo tengo una dama hermosa
de condición absoluta;
ella me parece pu-so
por bajo precio la fruta
acomodándose al uso.

Con vuestros ojos ponéis
en prisión los corazones,
y agarrando los co-géis
con los dulces eslabones
de las redes que tendéis.

Tu nariz copos deshechos,
tus mejillas dos macetas,
¡quién se viera entre tus te-chos
con dos luces por planetas
y dos pomas a los pechos!

Es tu boca de azahar,

tus labios belfo madroño;
y es tan blanco tu co-ral
que lo matizó el otoño
a imitación del rosal.

Al pintar tu rostro bello
tosco es el pincel más chulo,
porque es tan blanco tu cu-ello
que los cristales anulo
y las nubes atropello.

Tu pie de nieve destapa
ágil el pincel más guapo,
y es tan singular tu pa-ta
que en un punto la destapo
y en un jazmín se dilata.

¡Ay, mi niña, si al pintarte
miraras hacia acá abajo
y me vieras el cará-cter
que hizo en mí tu perfección
cuando comencé a pintarte!

No me juzgue amor pelota
al contemplarme bisoño,
porque me muero por co-ta
y no hay soldado en Logroño
que empine mejor la bota.

Batallas, no, amor, revoques;
sal al encuentro y me abrocho,
mas si no me das el cho-que,

a soldado sin bizcocho
¿de qué le sirve el estoque?

Cansado me llegué a hallar
de un pie que pensé en perder,
y de continuo ho-llar
ya no me puedo tener,
mas siempre te he de adorar.

Aunque en pie la duda esté,
prevente al instante, hija,
que voy a meter mi pi-e
en la primera vasija
que tu belleza me dé.

Si ardo en lumbres infinitas
del amor llamas internas,
allá voy, abre las pi-tas,
haremos cuerdas eternas
por ahorcarme necesitas.

Vida y muerte vibra impía
tu mano, cura mi anhelo,
porque no hay mejor ciru-gía
que el contacto de tu cielo
y de tus luces el día.

No imagines que despierte
otro ardor ya para amarte,
porque tengo de empren-derte,
o la vida ha de costarte
o yo tengo de perderte.

Décimas

Una fe con testimonio
del pecado original
tendrá, alma virginal,
la noche del matrimonio.
No divise a Marco Antonio
Tácito, que vas perdida;
llora mucho por tu vida,
cena poco por tu alma,
y para ganar la palma
o haya lámpara encendida.

Ten tu lecho conyugal
con su mancha de artificio,
penitente sacrificio
sobre el ara original;
haya suspiro mortal,
y si Adán cogiera a Eva,
que toda fruta se prueba
en el jardín de la vida
dile con ansia afligida:
—Ay, señor, ¿dónde me lleva?

Si la piadosa madrina
al tálamo te llevare
y al esposo llamare,
dile: —Señor, no soy digna;
mas si el pobre determina
no parecer impotente,
dile con mucho dolor:

—Misericordia, Señor,
que soy cordera inocente.

Que con esto y con callar,
suspirar y presumir,
llorar, dudar y gemir,
el pobre la ha de tragar;
y si no quiere pasar
el agosto por abril,
para aliviar tu fortuna
di: —No hubo virgen ninguna
después de las once mil.

Libros a la carta

A la carta es un servicio especializado para
empresas,
librerías,
bibliotecas,
editoriales
y centros de enseñanza;
y permite confeccionar libros que, por su formato y concepción, sirven a los propósitos más específicos de estas instituciones.

Las empresas nos encargan ediciones personalizadas para marketing editorial o para regalos institucionales. Y los interesados solicitan, a título personal, ediciones antiguas, o no disponibles en el mercado; y las acompañan con notas y comentarios críticos.

Las ediciones tienen como apoyo un libro de estilo con todo tipo de referencias sobre los criterios de tratamiento tipográfico aplicados a nuestros libros que puede ser consultado en Linkgua-edicion.com.

Linkgua edita por encargo diferentes versiones de una misma obra con distintos tratamientos ortotipográficos (actualizaciones de carácter divulgativo de un clásico, o versiones estrictamente fieles a la edición original de referencia).

Este servicio de ediciones a la carta le permitirá, si usted se dedica a la enseñanza, tener una forma de hacer pública su interpretación de un texto y, sobre una versión digitalizada «base», usted podrá introducir interpretaciones del texto fuente. Es un tópico que los profesores denuncien en clase los desmanes de una edición, o vayan comentando errores de interpretación de un texto y esta es una solución útil a esa necesidad del mundo académico.

Asimismo publicamos de manera sistemática, en un mismo catálogo, tesis doctorales y actas de congresos académicos, que son distribuidas a través de nuestra Web.

El servicio de «libros a la carta» funciona de dos formas.

1. Tenemos un fondo de libros digitalizados que usted puede personalizar en tiradas de al menos cinco ejemplares. Estas personalizaciones pueden ser de todo tipo: añadir notas de clase para uso de un grupo de estudiantes, introducir logos corporativos para uso con fines de marketing empresarial, etc. etc.

2. Buscamos libros descatalogados de otras editoriales y los reeditamos en tiradas cortas a petición de un cliente.

www.ingramcontent.com/pod-product-compliance
Lightning Source LLC
Chambersburg PA
CBHW031724230426
43669CB00007B/235